Ariane Schurmann & Edwin Wittwer

# WAS WILLST DU MIR SAGEN?

## Die Seelensprache der Pferde

ISBN 978-3-8434-0917-9

Ariane Schurmann & Edwin Wittwer:
Was willst du mir sagen?
Die Seelensprache der Pferde
© 2010 Schirner Verlag, Darmstadt

Umschlag: Murat Karaçay, Schirner,
unter Verwendung des Bildes Nr. 7179340,
www.fotolia.de
Fotografien: Jessica Aldeghi, Federica Ginanni
Corradini und Stefano Secchi
Redaktion: Tamara Kuhn, Schirner
Satz: Michael Zuch, Frankfurt am Main
Printed by: ren medien, Filderstadt, Germany

www.schirner.com

4. Auflage September 2012

Alle Rechte der Verbreitung, auch durch Funk, Fernsehen
und sonstige Kommunikationsmittel, fotomechanische oder vertonte Wiedergabe
sowie des auszugsweisen Nachdrucks vorbehalten

# Inhalt

| | |
|---|---|
| Vorwort | 12 |
| | |
| TEIL I | |
| ASVA – das Pferd | 15 |
| | |
| Einführung | 16 |
| | |
| Die Notwendigkeit der Gemeinschaft | 18 |
| Pferdehaltung | 18 |
| Körperkontakt | 22 |
| Flucht | 24 |
| Freundschaft | 26 |
| Freundschaft und Fellfarbe | 28 |
| Freundschaft und Fellpflege | 30 |
| Sicherheit | 34 |
| Alte Pferde | 36 |
| Fohlen | 40 |
| Mutterstute und Fohlen | 42 |
| Schutz | 46 |
| Ausruhen und Schlafen | 48 |
| Familie | 50 |
| Zugehörigkeit | 54 |
| Lernen durch Imitation | 56 |
| Energie und Bewegung | 58 |
| Neugierde | 62 |
| Spiel | 63 |
| Erziehung | 64 |
| Unterwürfigkeit | 66 |

## Die Bedeutung der Körpersprache 70

| | |
|---|---|
| Linke Gehirnhälfte | 70 |
| Rechte Gehirnhälfte | 72 |
| Die Ohren | 76 |
| Neugierde und Aufmerksamkeit | 78 |
| Interesse | 80 |
| Desinteresse | 82 |
| Introversion | 84 |
| Krankheit | 86 |
| Respektlosigkeit | 88 |
| Verwirrung | 92 |
| Flehmen | 94 |
| Gähnen | 96 |
| Müdigkeit und Langeweile | 98 |
| Ausruhen | 100 |
| Wälzen | 102 |
| Wasser | 106 |

## Die Bedeutung der Bewegung 110

| | |
|---|---|
| Neuankömmlinge | 110 |
| Zwei Augen und zwei Ohren – »Willkommen!« | 114 |
| Yin und Yang in der Herde | 118 |
| Folgen | 119 |
| Natürliche Dominanz in Phasen | 121 |
| Phasen mit stetigem Druck und Körperkontakt | 122 |
| Phasen auf Distanz und mit rhythmischem Druck | 126 |
| Dominanzspiele | 130 |
| Hengste reden miteinander | 132 |
| Komm mir nicht zu nah! | 136 |
| Ich habe Hunger, verschwinde! | 138 |
| Wind in der Mähne | 142 |

Teil II
Asva und Nara – das Pferd und der Mensch **145**

Einführung 146

**Das Erlernen der Pferdesprache** 147
Menschen treffen Pferde 147
Sich direkt begegnen 150
Natürliche Zeit 154
Vertrauen und Endorphine 155
PferdeKinder 158
Schule – Wer unterrichtet wen? 160
PferdeMenschen im Sattel 162
Anspannung 166
Geh aus meinem Raum! 168
Versuch's mal! 170
Zuhören 172
Sich annehmen 176
Spiegelbilder 178
Respekt 180
Anerkennung und Lob 182
Wer bewegt wen? 184
Bin ich nicht gut? 186
Pferde und Menschen am See 188

**Kommunikationsfluss zwischen Asva und Nara** 190
Einvernehmen und Zusammengehörigkeit 190
Das Alphatier ist ein Mensch 194
Gelassenheit unter Menschen 196
Frühes Lernen 198
Ja sagen 200

| | |
|---|---|
| Im selben Rhythmus | 204 |
| Verbindung | 208 |
| Einfach sein und nichts erwarten | 210 |
| Miteinander Spaß haben | 212 |
| Freizeit, Entspannung und Freude | 214 |

## Teil III
## PferdeZeit 219

## Anhang 238

| | |
|---|---|
| Glossar | 238 |
| AsvaNara | 240 |
| Danksagung | 244 |

Dieses Buch ist Luzo gewidmet
und allen Pferden unserer Herde
... und allen Pferden dieser Welt.

# Eins mit allem

Eins mit allem, das sind wir,
mein Atem ist wie der Deine in diesem Universum.
Du bist Pferd, ich Mensch,
aber in unseren Körpern schlagen zwei Herzen, die sich gleichen,
zwei Herzen, die Gefühle kennen,
zwei Herzen, die vor Angst fliehen,
zwei Herzen, die feiern, sich verstecken, sich wundern.
Anscheinend sprechen wir die gleiche Sprache,
meine Worte zwar machen Krach,
Deine kennen das Geräusch der Stille,
aber wenn wir uns treffen, können wir kommunizieren,
indem wir uns in die Augen schauen –
in Anwesenheit einer Kraft, die uns vereint: der Liebe.
Zusammen mit Dir lerne ich, zuzuhören und zu sehen,
ich werde mir jeder Deiner Bewegungen bewusst,
und jeder Deiner Atemzüge hat eine tiefe Bedeutung,
sie alle beschützen mich, sie warnen mich, sie sprechen zu mir, sie beschenken mich.
Es braucht nur eine Fliege, um Deinen Mantel zum Zittern zu bringen,
es reicht ein Krümel von Sanftheit,
um Deinen mächtigen Körper zu bewegen …
… aber das hat der Mensch noch nicht verstanden.
Pferd, Du lehrst mich,
zusammen mit Dir finde ich diese mystische Welt wieder,
die aus kleinen Zeichen besteht,
diese Welt, die den Respekt nicht vergisst
und das Mitgefühl,
diese Welt, die sich vor der Weisheit verbeugt,
die die Stärke erkennt,
die Vergebung akzeptiert,
diese Welt, die Platz lässt für die Neugierde,
die sich der Wahrheit öffnet,
dem Instinkt zuhört.
Pferd, ich verspreche Dir, von jetzt an
schaue ich auf jedes Deiner – auch kleinsten – Signale.
Deine Nüstern, Deine Ohren, Dein Schweif,
Deine Lider, Dein Maul –
jeder Teil von Dir wird zu einem Wort für mich.

*Fiorinda Pedone*

# Vorwort

Um mit Pferden sehr gut umgehen zu können, müssen wir lernen, ihre Sprache zu verstehen und sie auch selbst zu sprechen – und das Erlernen der Pferdesprache ist eine wunderbare Reise …

Heutzutage haben wir unzählige Möglichkeiten, Fremdsprachen zu erlernen, und der Kommunikation sind im Informationszeitalter keine Grenzen mehr gesetzt. Doch zum Erlernen der Pferdesprache, für die Kommunikation mit diesen wunderbaren Tieren, müssen wir eine Barriere überwinden, die in unserem Herzen verborgen ist – diese unsichtbare Grenze, die uns davon abhält, einfach wir selbst zu sein.

Es geht darum, dass wir den Weg nach Hause finden, nach Hause zu uns selbst. Es geht darum, dass wir das Schauen, das Zuhören und das Fühlen lernen. Es geht darum, dass wir uns erinnern. Es geht darum, weniger zu tun und mehr zu sein. Es geht um das Geschehenlassen, um das Lauschen, um das Sich-Öffnen und darum, einfach hier und jetzt präsent zu sein …

Die Reise, die uns zum Verstehen und schließlich auch zum »Sprechen« der Pferdesprache führt, ist faszinierend. Der Mensch als »Raubtier« und das Pferd als Fluchttier finden den Weg zueinander, indem sie uralte Grenzen überschreiten und heilen. Diese Beziehung haben wir »AsvaNara« genannt, »PferdeMensch« – die Grenzen lösen sich auf, und Einheit entsteht.

Pferde sind einzigartige Spiegel unseres Seins. In dem Moment, in dem unsere Herzen sich ihnen öffnen, ist es leicht, die Pferdesprache zu erlernen.

Dieses Buch ist ein Reisebegleiter … von Herz zu Herz.

Viel Freude wünschen
*Ariane & Edwin*

# TEIL I
# ASVA – das Pferd

# Einführung

Da sie Fluchttiere sind, kommunizieren Pferde fast ausschließlich mit ihrer Körpersprache. Sie gebrauchen höchstens zwei bis vier Laute, und selbst diese setzen sie nur sehr selten ein. Ihre Sprache ist also nahezu lautlos, und wenn wir sie erlernen wollen, ist es ratsam, unsere Stimme nicht zu benutzen. Häufig ist das sehr schwierig, besonders wenn wir emotional werden – und Pferde sind Meister im Auslösen der verschiedensten Emotionen in uns. Aber die Mühe lohnt sich, denn aus dieser ungewohnten Stille heraus öffnen sich unsere Sinne: Wir lernen zu sehen, zu fühlen und unsere Umwelt ganz anders wahrzunehmen.

Pferde wissen schon lange bevor wir bei ihnen ankommen, wie es uns geht und mit welcher Absicht wir uns ihnen nähern. Sie kommunizieren meist über den kinästhetischen Kanal – sie fühlen, sie sind außerordentlich sensibel, und es scheint manchmal, als seien sie hellsichtig. Zudem sind sie extrem visuell, können Veränderungen und Bewegungen am Horizont wahrnehmen, bevor wir überhaupt etwas davon merken. Deshalb liegt es an uns, unsere Wahrnehmung zu verändern, damit wir mit ihnen echten Kontakt aufnehmen können. Die wahre Brücke zu dem Lebewesen Pferd, dem Fluchttier, schaffen wir nur, wenn wir alles aus seiner Perspektive miterleben.

Pferde sind, wie wir Menschen, Individuen, jedes hat seinen eigenen Charakter – aber sie schenken diesem und ihren persönlichen Vorlieben keine Aufmerksamkeit. Es ist sicher eine gute Idee, ein Pferd ausführlich kennenzulernen und viel über seine Persönlichkeit zu erfahren – aber wir dürfen dabei nicht den Fehler machen, uns festzulegen: »Mein Pferd ist so und wird sich auch nicht ändern. Mein Pferd ist immer so. Jedes Mal wenn dies und das geschieht, verhält sich mein Pferd so!« Sobald wir einem Lebewesen »einen Stempel aufdrücken«, blockieren wir sein Wachstum, seine

Entwicklung, und sagen außerdem nicht die Wahrheit. Jedes Pferd kann sich jederzeit ändern … dieses Potenzial ist jedem Lebewesen gegeben!

In diesem Teil des Buches machen wir anhand zahlreicher Fotos von Pferden aus unserer eigenen Herde, die in der Toskana das ganze Jahr über frei auf riesigen Weiden lebt, die Pferdesprache sichtbar. In einer Pferdeherde ist es für Menschenohren zunächst still, denn niemand sagt etwas mit Worten oder Lauten. In Wirklichkeit wird aber immer geredet – durch Bewegung, Gestik, Mimik und Energie. Es ist einfacher, diese Körpersprache auf Fotos und geduldigem Papier sichtbar zu machen als beim Reiten.

Für eine erfolgreiche Kommunikation mit den edlen Tieren müssen wir lernen, ihre Körpersprache zu lesen wie ein Buch. Das ist viel einfacher, als wir denken, denn im Grunde unseres Herzens kennen wir diese Sprache …

Unser Wunsch ist es, dass nach dem Lesen dieses Buches der ständige Dialog, den Pferde untereinander und mit uns führen, für alle zu sehen bzw. zu hören ist.

# Die Notwendigkeit der Gemeinschaft

## Pferdehaltung

Es ist sehr wichtig, dass Pferde die Möglichkeit haben, sich zu entfalten und ihrer Natur entsprechend zu leben. Wenn wir uns an ausgeglichenen und gesunden Partnern erfreuen wollen, ist es unendlich wichtig, dass wir Pferde auf natürliche Weise halten.

Der Paintwallach auf dem umseitigen Foto schläft lang ausgestreckt auf dem Erdboden. Das Fohlen Libertas benutzt seine angeborene Neugierde, um die Welt zu erforschen. Der Kleine schaut dem Wallach zu, er erkundet die Umgebung, probiert seine Grenzen und Möglichkeiten aus. Er sieht und riecht das andere Pferd dabei, auch wenn der Zaun ihn körperlich davon abhält, zu ihm hinüberzugehen.

Das ist doch nichts Besonderes? In der Tat ist hier nichts Besonderes abgebildet, und doch ist es in der normalen Reiterei leider selten, dass Pferde einfach sein dürfen, was sie sind … In geschlossenen Boxen haben sie oft keinen Sicht- und Gefühlskontakt zur Außenwelt, und die Enge hält sie davon ab, sich hinzulegen. Der Boden ist häufig aus Zement, der mit Stroh oder Sägespänen bedeckt ist, das Heu wird aus Raufen gefressen und das Kraftfutter aus Näpfen, die auf Brusthöhe angebracht sind. Auch das Wasser läuft automatisch aus Selbsttränken. Alles andere als natürlich …

Wir wissen, dass unsere europäische Landschaft zu klein ist, um alle Pferde in Freiheit und auf geräumigen Wiesen und Steppen leben zu lassen. Aber es gibt gute Alternativen, Pferde auch auf kleinem Raum natürlich zu halten. Ein Beispiel sind die Paddocks, wie sie hier auf dem Foto zu sehen sind: Jedem Pferd stehen 4 x 10 m mit Sand gemischter Erdboden zur Verfügung, von denen fast die Hälfte überdacht ist. Der Eisenzaun ist 1,4 m hoch und trennt die Pferde nur körperlich, d. h., er schützt sie vor den Dominanzspielen, die auf diesem engen Raum nicht wirklich durchführbar sind. Die Pferde können sich aber dennoch beschnuppern, berühren und Fellpflege betreiben, und sie sind sich so tief verbunden als lebten sie in einer Herde. Die Tiere haben ausreichend Platz, um sich hinzulegen, ihre Beine zu vertreten oder einfach im Schatten zu ruhen.

Andere Beispiele sind moderne Laufställe mit Fressständern, Liegebereichen, Wasserstellen am Boden und verschiedenartigen Untergründen. Es geht gar nicht darum, die Technik und den Fortschritt aufzuhalten, sondern eher darum, ihn so zu nutzen, dass er die Natur unterstützt. Die Zeit der traditionellen Boxenhaltung geht zum Glück ihrem Ende zu, und artgerechte Pferdehaltung wird modern … Kein Wunder, schließlich kommt sie auch den Reitern zugute!

»Was machst du denn da?
Ach, könnte ich doch bloß
durch diesen Zaun gehen
oder meinen Hals verlängern!
Das wäre die Gelegenheit! Er
schläft, und ich könnte alles
in Ruhe erforschen …«

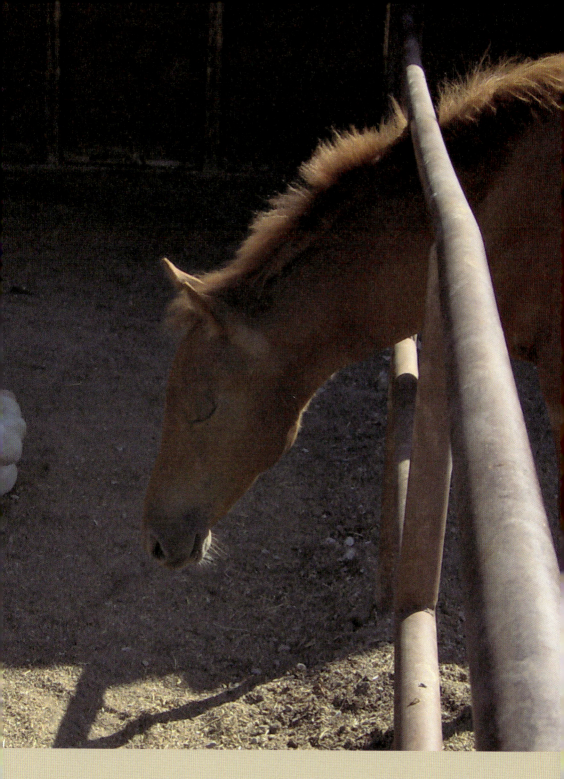

# Körperkontakt

In einer Herde leben und bewegen sich Pferde wie ein Körper. Obwohl jedes Herdenmitglied ein Individuum ist, sind die Tiere doch durch ein unsichtbares Band untrennbar miteinander verbunden. So ist das auch bei unseren Pferden. Sie gehen gemeinsam zur Wasserstelle, fressen gemeinsam das Gras am Hang, gehen dann gemeinsam auf die Waldweide, ruhen gemeinsam und fliehen gemeinsam. Für das Fluchttier Pferd gibt es nichts Wichtigeres auf der Welt als Sicherheit – und diese Sicherheit wird in der Gemeinschaft, der Herde, garantiert.

Dieses Foto zeigt unsere Herde im Frühsommer, der Zeit, zu der das Gras am höchsten ist und die meisten Blüten zu sehen sind. Alle Pferde suchen gemeinsam nach dem frischesten Gras und den zartesten Kräutern, die im Schatten der Ginsterbüsche wachsen. Obwohl sie fast alle ihre Köpfe tief in diesen Büschen haben, »lauschen« ihre Körper doch immer auf die Signale der anderen Pferde. Um sicher zu sein, dass sie diese nicht verpassen, haben sie gern engen Kontakt mit dem Pferd, das ihnen am nächsten ist – der Hals des Palominos z. B. berührt fast das Hinterbein des grauen Arabers.

Pferde suchen diesen Kontakt auch mit uns Menschen. Leider sind sie zu groß und zu schwer, als dass wir sie in den Arm oder auf den Schoß nehmen könnten, damit sie die Sicherheit spüren können, die sie brauchen, um sich entspannen zu können … Dies ist ein weiterer Grund für uns, die Pferdesprache zu erlernen – um unserem Pferd durch unsere kleine Gemeinschaft in jedem Moment das Gefühl der Sicherheit vermitteln zu können.

»Ich fühle dich, das gibt mir Sicherheit. So spüre ich die eventuell nahende Gefahr durch deine körperliche Nähe, denn jeder Impuls deines Körpers überträgt sich direkt auf mich. Unsere Gemeinschaft ist unsere Sicherheit. Was bin ich froh, dass du mir so nah bist!«

# Flucht

Geballte Energie, Schnelligkeit, »Sturm im Gras« und große Kraft, dies alles und noch viel mehr liegt in der Luft, wenn die ganze Herde zusammen flieht. Dabei ist es für uns Menschen manchmal gar nicht ersichtlich, was der Auslöser für die Flucht war – ein Geräusch, eine Gestalt, eine Bewegung? Pferde nehmen die Umwelt so viel klarer und direkter wahr als Menschen, und wir neigen dann dazu, zu sagen: »Ach, mein Pferd sieht wieder Gespenster! Was hat es denn bloß? Da ist doch gar nichts!« *»Ach, was weißt du unsensibles Raubtier schon von meinen Ängsten und meinen geschärften Sinnen? Merkst du denn nichts? Hör doch mal, da im Gebüsch, da raschelt es ganz arg, ich habe auch schon eine Bewegung bemerkt, wieso nimmst du das bloß nicht wahr? Es ist wirklich frustrierend, dass du nicht mitbekommst, was so um dich herum abläuft. Wie soll ich dir das bloß erklären?«*, könnte die Antwort eines falsch eingeschätzten Pferdes sein.

Menschen tun Pferden oft aus dem einfachen Grund heraus Unrecht, dass sie sie nicht verstehen. Genau darin liegt die Herausforderung während der Wandlung zum echten natürlichen PferdeMenschen, die Herausforderung, Pferde aus der Sicht der Pferde zu erleben und die eigene Sichtweise infrage zu stellen. Es ist die Herausforderung, mit dem Denken aufzuhören, sich der Gegenwart des Momentes zu stellen und damit Raum zu schaffen,

um mit dem unbekannten Wesen Pferd zu kommunizieren und vielleicht sogar die Welt mit seinen geschärften Sinnen wahrzunehmen … Daraus entwickeln sich Verständnis und Einheit und ein so viel tieferer Blick in das Geheimnis der Schöpfung!

*»Los, lauft so schnell ihr könnt! Weg hier! In der Flucht liegt unsere Rettung. Schneller, noch schneller, lasst uns nur von dieser Gefahr weglaufen!«*

# Freundschaft

Pferde begrüßen sich mit der Nase. Die samtweichen Nüstern berühren sich zärtlich, der Atem fließt von einem zum anderen, und die Grenzen heben sich auf.

Die Nüstern von Pferden sind weich wie die Haut eines Neugeborenen, ebenso sensibel, so verletzlich. Es muss viel Vertrauen vorhanden sein, damit die Tiere diesen sanften Körperteil einem anderen entgegenhalten. Manchmal »geben« Pferde ihre Nase dem Menschen nicht gern, meistens dann, wenn sie in ihrer Vergangenheit viel Schmerz erfahren haben, sei es durch harte Hände, harte Gebisse oder Nasenbremsen. Es ist also ein Zeichen von Freundschaft, wenn sie diese Nase zur Begrüßung geben. Wie schön, wenn das Gegenüber diese Begrüßung, dieses Vertrauen, wahrnimmt und erwidert!

Freundschaften unter Pferden sind lebenswichtig. Es gibt Pferde, die noch nie in ihrem Leben Austausch mit Artgenossen gehabt haben. Dabei brauchen sie als Herdentiere den Körperkontakt mit anderen Pferden für ihre Gesundheit.

»Wer bist du? Wie geht es dir heute? Was ist deine Geschichte? Ich bin neugierig auf dich, wir sind neugierig auf uns. Ich vertraue dir, ich ehre dich, du interessierst mich, bei dir fühle ich mich wohl.«

# Freundschaft und Fellfarbe

Wie entstehen Freundschaften bei Pferden? Wir haben festgestellt, dass sich Pferde innerhalb einer Gruppe oder Herde gern nach Fellfarbe zusammenschließen. Wenn sie dann Kopf an Kopf oder Schweif an Kopf beisammenstehen, kann man aus geringer Entfernung oft schon nicht mehr sagen, welcher Körperteil eigentlich zu welchem Pferd gehört. Das Entstehen von Freundschaften nach der Fellfarbe ist natürlich nicht immer der Fall, kommt aber doch so oft vor, dass es erwähnt werden sollte. Wer weiß, ob diese Sympathie in der Erinnerung an die oft gleichfarbige Mutter oder in den Schwingungen begründet liegt. Sicher ist, dass Pferde untereinander tiefe und wichtige Freundschaften schließen und sich auch in freier Natur immer wieder in diesen Gruppen zusammenfinden.

Auf diesem Foto sieht es ganz so aus, als seien die drei Füchse mit dem bekannten Kinderspiel »Brücke« beschäftigt. Natürlich kennen sie es nicht, aber sie spielen in der Tat zärtlich miteinander. Es ist Dezember, die Pferde befinden sich auf der Winterweide und ernähren sich von dem Heu, das ihnen in großen Rundballen wie in einem Selbstbedienungsrestaurant rund um die Uhr zur Verfügung steht. So sind sie satt und zufrieden, brauchen sich kaum zu bewegen und können all ihre Energie gegen die Kälte einsetzen. Sie spielen gern und häufig miteinander, denn wenn sie sich sicher und wohl fühlen, lieben Pferde das Spiel. Das ist übrigens auch für jeden Reiter eine Art Erfolgsrezept: »Versetze dein Pferd in Situationen, in denen es sich sicher und behaglich fühlt, und es wird Spaß daran haben, mit dir zu spielen.«

»Wir geht es dir heute? Hat es dir geschmeckt? Wollen wir uns jetzt das Fell kraulen oder lieber noch etwas Heu fressen? Du riechst richtig gut heute …!«

# Freundschaft und Fellpflege

Freundschaften halten durchaus das ganze Pferdeleben lang. Sie entstehen nur in einer sicheren Umgebung und sorgen für Gesundheit und Ausgeglichenheit – und so werden die Pferde auch bessere Partner für den Menschen. Auf den Fotos bearbeitet der Fuchs Study zärtlich den Rücken und den Hals der grauen Araberstute Ekonomia, die sich dieser Fellpflege genüsslich hingibt. Seine Zähne liegen dabei aufeinander und massieren wichtige Reflexpunkte am Körper der Stute.

Das wichtigste Grundbedürfnis von Pferden ist Sicherheit, und diese Sicherheit wird, wie bereits angesprochen, nur durch die Herde und die Möglichkeit der Flucht garantiert. Soziale Kontakte und die Nähe zu anderen Fluchttieren sind Voraussetzungen für ein langes und gesundes Pferdeleben. **Deshalb ist es grausam, ein Pferd alleine leben zu lassen.** Es kann sich nie wirklich sicher fühlen und wird früher oder später die eine oder andere psychische oder physische Störung entwickeln.

Dabei ist es wichtig, die Situation eines einsamen Pferdes aus seinem Blickwinkel zu sehen. Da Pferde als Fluchttiere wissen, dass sie immer gejagt werden könnten, halten sie instinktiv fortwährend nach Gefahren Ausschau. In einer Herdengemeinschaft kann diese Aufgabe des »Wachestehens« geteilt werden, denn mehr Augen sehen mehr und mehr Ohren hören mehr. Erst dann kann ein Pferd sich dem Leben widmen – und muss nicht ständig nur mit dem Überleben beschäftigt sein. Sofort steigt die Lebensqualität, und Freundschaften entstehen.

*»Wir sind sicher und beschützen uns gegenseitig. Das Leben meint es gut mit uns, und wir können uns entspannt der Fellpflege hingeben.«*

Der Mensch kann ein Freund des Pferdes werden und ihm Sicherheit geben, aber nur, wenn er sich zum Alphatier der kleinen Herde – bestehend aus ihm und seinem Pferd – entwickelt. Allerdings ist in unserer modernen Zivilisation die Zeit, die wir mit Pferden verbringen können, häufig auf weniger als eine Stunde am Tag begrenzt. Deshalb ist es empfehlenswert, seinem Pferd mindestens einen, besser zwei oder mehr Artgenossen als Gefährten zu bieten.

»Ach, wie ich das genieße. Bitte mach weiter, vor allem an den Stellen auf meinen Rücken und in der Mähne, an die ich selbst nicht herankomme!«

# Sicherheit

Hier steht Cheera zusammen mit ihrem »Mann«, dem Leithengst der Herde, Kopf an Schweif und döst vor sich hin. Selbst die Leittiere brauchen Momente der Sicherheit, der Zweisamkeit, in denen sie die Verantwortung abgeben und sich ausruhen können. Cheera schätzt und genießt das Zusammensein mit ihrem Partner, sie weiß, wie wichtig sie einander sind.

Pferde als Herdentiere brauchen dringend diese Gemeinschaft, um sich ausruhen zu können. Denn wenn kein anderes Pferd bei ihnen ist, können sie sich nie wirklich darauf verlassen, dass ein anderer die Wache übernimmt. Es ist traurig, Pferde zu sehen, die allein leben, denn sie müssen immer auf der Hut sein, sind oft sehr gestresst und leiden an daraus resultierenden Verhaltensstörungen. Sicherheit ist ein Grundbedürfnis für Pferde. Ein Fluchttier, das immer sein Überleben sichern muss, liebt sie nun einmal mehr als alles andere!

*»Wie gut es das Leben mit uns meint, dass wir hier in Sicherheit zusammen sein können. Unsere Partnerschaft ist stark, und jeder von uns passt auf den anderen auf. Lass mich einen Moment ruhen, während du Wache hältst.«*

# Alte Pferde

Alte Pferde gibt es zum Glück immer mehr. Es ist dennoch schockierend zu wissen, dass das weltweite Durchschnittsalter von Pferden bei etwa 7,5 Jahren liegt, obwohl sie natürlicherweise ein Alter zwischen 25 und 30 Jahren oder mehr erreichen. Leider werden die Tiere oft als Sportgeräte oder Fleischlieferanten »verheizt« – alte Pferde sieht man in schicken Reitställen selten. Es ist schön, dass sich das Bewusstsein der Menschen wandelt und immer mehr Pferde das »Gnadenbrot« erhalten.

Interessanterweise leiden moderne Pferde genauso wie der Mensch auch an Zivilisationskrankheiten, vor allem im Alter. Da gibt es Erkrankungen des Bewegungsapparats wie Rheuma und Gelenkerkrankungen, da gibt es Erkrankungen an den Verdauungs- und Stoffwechselorganen, und, wie auf dem folgenden Foto zu sehen ist, es gibt gut- und bösartige Tumore. Der Argentinierwallach ist 22 Jahre alt, und an seinem Körper wachsen an verschiedenen Stellen Geschwüre. Die operative Entfernung hat keinen Erfolg gebracht, und auch andere Therapieversuche der Naturheilkunde konnten ihm nicht helfen.

Was tun? Zangar lebt mit seiner Krankheit in einer frei lebenden Herde mit 25 anderen Pferden. Er ist als aktives Herdenmitglied mit viel Erfahrung anerkannt und geschätzt, und in der Hierarchie belegt er einen der mittleren Plätze. Den Fohlen, die in der Herde aufwachsen, ist er ein guter Lehrer. Sein graues Fell auf der Stirn zeigt sein hohes Alter, auch andere graue Haare hellen seinen früher pechschwarzen Mantel auf.

Tiefe Gruben über den Augen werden bei vielen Pferden als Zeichen für ein schwieriges Leben gedeutet. Das entspricht in Zangars Fall sicher der Wahrheit, denn einst wurde er als Schlachtpferd von Argentinien nach Italien geschifft, wo ihn seine Eleganz rettete und er als Reitpferd zu einem

Pferdehändler gelangte. Seine Geschichte ist lang und verschlungen, und der Mensch bereitete ihm meist kein Vergnügen.

Hier steht er gerade erfrischt von seinem morgendlichen »Wälzbad« im grünen Gras auf, und die kleine Melody beobachtet ihn genau. Er sagt: *»Ja, schau nur, junges Ding, komm erst mal in mein Alter!«*

Für Pferde ist es sehr wichtig, soziale Kontakte, Freundschaften und Familienbande entwickeln zu können. Nach Jahrtausenden, in denen sie den Menschen auf verschiedenste Arten gedient haben, vom Transporttier zum Kriegsgerät und vielem anderem mehr, verdienen sie wirklich eine natürliche und artgerechte Haltung in einer Herde und mit viel Platz. Sie verdienen, ihrem Alter und ihrer Geschichte entsprechend gewürdigt zu werden, genau wie die Menschen. Es ist höchste Zeit, dass wir wieder natürlich werden.

»Ja, schau nur, junges Ding, komm erst mal in mein Alter!«

# Fohlen

Die Fohlenaufzucht ist ein Kapitel für sich. Die kleinen Tiere sind wie unbeschriebene Blätter, wenn sie geboren werden. Nichts ist für sie ohne Bedeutung – jede Geste, jedes Wort, jede Situation und jedes Ereignis prägen sich tief in ihr Wesen ein und bleiben dort für immer eingraviert. Deshalb sind die ersten Jahre eines Fohlens so enorm wichtig. Das Umfeld, die Lehrer, die Begegnungen und Geschichten, die es in diesen Jahren erlebt, formen seinen Charakter. Was immer ihm seine Mutter »erzählt«, bleibt das ganze Leben lang in seinem System erhalten. So, wie die Pferde um es herum reagieren, wird sich auch das Fohlen verhalten.

Von enormer Bedeutung ist auch der Einfluss, den wir Menschen auf ein Fohlen haben, denn auf welche Weise wir ihm begegnen, vor allem in seiner ersten Stunde und dann in den ersten Tagen und Wochen, wird seine »Meinung« über unsere Gattung entscheidend beeinflussen. Leider erleben Fohlen am Anfang ihres Lebens meist wenig Gutes vonseiten der Menschen, denn sie werden am Nabel mit brennenden Substanzen behandelt, mit Nadeln geimpft und mit übel schmeckenden Substanzen entwurmt. Sie werden mit groben Händen angefasst, in die Ecke getrieben, viel zu früh an wenig effektive Halfter gewöhnt, und dann wird ihnen bei der ersten Begegnung mit dem Tierarzt oder dem Hufschmied, auf die sie nicht vorbereitet werden, oft ein Ohr umgedreht, damit sie unbeweglich die verschiedenartigsten Prozeduren über sich ergehen lassen. Oft geht diese von der Natur weit entfernte Leidensgeschichte des jungen Wesens in der Ausbildung weiter.

Wohlgemerkt, alle diese Vorgänge geschehen ganz klar im Namen der Medizin, Gesundheit, Pflege und Liebe. Doch leider weiß das kleine Fohlen davon nichts und bildet als Folge leicht eine Abneigung gegen die Menschen aus – und diese bestimmt dann manchmal sein Leben.

Deshalb ist unser Rat immer sehr klar: »Ziehe Fohlen erst auf, wenn du selbst die Pferdesprache fließend beherrschst.« In unserer Akademie ist das nach der Klasse V der Fall …

# Mutterstute und Fohlen

Mutter und Fohlen bilden eine natürliche Einheit. Die Muttermilch, und besonders das Kolostrum (die Erstmilch) ist von der ersten Stunde des neuen Lebens an die Quelle aller Existenz. Die Mutter als Ganzes – mit ihrem Körper, ihren Emotionen und ihrer Einstellung (Gedanken!!) widmet sich ihrem Fohlen für mindestens sechs Monate, in der Natur meist für etwa elf Monate (bis zur nächsten Geburt) ganz und gar, mit Haut und Haaren. Und das kleine Wesen ist auf seine Mutter angewiesen – als Schutz, Futter-, Wärme- und Kommunikationsquelle.

Auf dem folgenden Foto scheint die Stute ihr winziges Fohlen zum Saugen einzuladen, und natürlicherweise würde das Fohlen auch dankbar damit beginnen. Leider nicht in diesem Fall. Das Fohlen sucht zwar, und auch die junge Stute erinnert sich an ihre Instinkte, aber für diese beiden ist es leider zu spät.

Bei Melodys Geburt befand sich die junge Melinda, die durch einen »Unfall« schon als Vierjährige trächtig wurde, in einer Box. Der Raum war eng, und die eher introvertierte und selbst unerfahrene Stute war nicht wirklich in der Lage, die vielen und starken Emotionen dieser neuen Situation zu verarbeiten. Sie war verängstigt, alleine und voller Schmerzen. Sie wusste nicht, wie ihr geschah. Sie war selbst in einer Box aufgewachsen, früh von der Mutter getrennt worden und hatte auch keine gesunden Beispiele anderer Mütter mit Fohlen in ihrer Nähe, von denen sie hätte lernen können.

Auf sich gestellt und von neugierigen Menschen umringt, gebar sie so voller Angst ihr erstes Fohlen – die kleine Melody. Die Menschen drängten sich um sie, um das Wunder zu bestaunen … und Melinda zog sich immer ängstlicher in sich selbst zurück. Sie wusste ohnehin nicht, was da genau passierte, und nun kamen auch noch die lärmenden Menschen, von denen sie allgemein keine hohe Meinung hatte, alle auf einmal in ihren privaten Raum. So geschah es, dass sie ihre Instinkte vergaß und Melody nicht als ihr Fohlen annahm. Nach einigen Tagen verweigerte sie dem Fohlen sogar ihre Milch und wurde aggressiv. Das Fohlen wäre in der Natur verloren gewesen und innerhalb weniger Tage gestorben, aber in der Menschenwelt gibt es ja Tierärzte und Pulvermilch, und so wurde aus Melody ein Flaschenbaby. Melinda zog sich noch tiefer zurück, wurde immer trauriger – in der Menschensprache würden wir sagen, sie wurde depressiv. Ihre Tochter wurde von ihr getrennt.

Glücklicherweise kamen die beiden Pferde einige Wochen später zu uns, wo wir sie sehr bald wieder zusammenführen konnten. Melinda wurde eine glückliche Mutterstute und Melody ein im Herdenverband natürlich aufwachsendes Fohlen. Nur die Muttermilch war unwiderruflich versiegt und musste künstlich ersetzt werden – eine aufwendige Angelegenheit … Würden die Menschen die natürliche Pferdesprache verstehen, wäre es zu dieser ganzen Entfremdung gar nicht erst gekommen.

»Schau, da hinten ist deine Lebensquelle für die nächste Zeit. Ja, die Richtung stimmt, geh nur, ich bin für dich da!«

# Schutz

Das unsichtbare Band zwischen Stute und Fohlen ist beeindruckend stark. Das Fohlen »trinkt« das Leben von der Mutter, physisch, mental, emotional und spirituell. Sie sind auf Lebenszeit verbunden. Vom Moment der Geburt an bietet die Stute dem Fohlen Schutz vor allen Gefahren. In einer Notsituation setzt sie das Leben des Fohlens vor ihr eigenes.

Fohlen sind Nestflüchter, eine Stunde nach ihrer Geburt sind sie bereits auf den Beinen und saugen das erste Mal die lebenswichtige Milch der Mutter. Sie folgen ihr auf Schritt und Tritt und können bereits am ersten Lebenstag einige Kilometer zurücklegen. Mutter und Herde bedeuten Schutz und Überleben, dies weiß jedes Fohlen instinktiv vom ersten Moment an.

Der Schweif der Mutter hält Insekten jeder Art von dem Fohlen fern. Ihr Körper bietet Schatten und Schutz vor Angst, dieser tiefen Angst, die jedes Fluchttier kennt, die Teil jedes Atemzugs ist: die Angst, von einem Raubtier gejagt und gefressen zu werden. Der Körper der Mutter bietet dem kleinen Wesen Trost.

Auch ausgewachsene Pferde lieben es, den Kopf unter Bäume, Büsche und die Schweife ihrer Artgenossen zu halten – sie fühlen dann den Schutz, den ihre Mutter ihnen damals gab. Senkt das Pferd den Kopf, gibt ihn gleichsam in den Schoß eines Menschen, so signalisiert es damit tiefstes Vertrauen. Dann kann auch der Mensch zum »Schutzengel« des Pferdes werden.

»Spiel ruhig, mein Fohlen, ich kümmere mich um den Rest. Du brauchst nichts weiter zu tun, als mir zu folgen, dich mit mir zu bewegen, als seien wir ein Körper. Sei mein Schatten, sei eins mit mir. Ich bin für dich da.«

# Ausruhen und Schlafen

Ja, Ausruhen! Wenn wir noch einen Zweifel haben, ob Pferde im Stehen schlafen, dann bekommen wir von den Fohlen eine klare Antwort: Sie liegen häufig im hohen Gras, im Heu und Stroh und schlafen mit geschlossenen Augen viele Stunden am Tag. Schlaf ist wichtig für das Wachstum.

Ein kleines Fohlen saugt bei seiner Mutter 10- bis 15-mal im 24-Stunden-Rhythmus. Auf jede aktive Phase, in der gesaugt, gerannt, gespielt und die Welt erkundet wird, folgt immer eine Ruhephase, in der tief geschlafen oder nur gedöst wird. Dieser Rhythmus wiederholt sich tagsüber viele Male. Die Ruhephase in der Nacht ist zwar länger als bei Sonnenlicht, dauert jedoch nicht so lange wie beim Menschen.

Auf dem Foto sehen wir Melody im hohen Gras, sie ist gerade aus dem Tiefschlaf erwacht und noch nicht ganz zurück in der Welt des Wachseins. Sie genießt die warme Sonne auf dem Fell und die Wärme des Bodens. Melinda grast friedlich in ihrer Nähe und hat ihre Tochter mit einem Ohr »im Visier«. Sie entfernt sich auch beim Grasen nicht weiter als einige Meter, denn sie nimmt ihre Mutterschaft jetzt ernst.

Dies ist ein Bild der Harmonie, Liebe, Einfachheit und Natürlichkeit. Die beiden teilen uns mit: »*Wir sind mit dem Leben zufrieden, genießen gute Tage und nehmen alles hin, was uns Mutter Natur zu bieten hat. Das Leben ist einfach, und wir gehören zusammen.*« Es stimmt, sie haben den Weg zur Natürlichkeit gefunden, und alles ist wieder einfach. Leider ist dies häufig nicht der Fall für andere Fohlen und ihre Mütter, die diese Idylle und Freiheit nicht kennen. Dabei ist es das Natürlichste auf der Welt …

»Mir geht es richtig gut! Ich ruhe mich gerade aus,
und meine Mama passt auf mich auf.«

# Familie

Es gibt Menschen, die davon überzeugt sind, dass Pferde (oder Tiere generell) keine Gefühle und keine Seele haben und deshalb auch keine Familienbande entwickeln können. Es wird angenommen, dass Hengst und Stute ihren Nachwuchs, wenn er groß genug ist, einfach vergessen und auch nicht wiedererkennen, falls sie sich nach Jahren wieder begegnen.

Was wir bei AsvaNara beobachten, ist allerdings, dass Familienbande ein Leben lang halten, dass Mutterstute und Vaterhengst mit ihrem Nachwuchs zusammenbleiben, wenn ihnen die Gelegenheit dazu gegeben wird, und dass sich innerhalb der Herde sogar Ersatzfamilienstrukturen entwickeln.

Pferde erkennen sich wieder, auch wenn sie sich jahrelang nicht gesehen haben, und sie leben Gefühle und Emotionen genau wie der Mensch. Sie haben gute und schlechte Tage und empfinden Sympathien und Antipathien. Bevorzugt verbringen sie ihre Zeit mit ihren Freunden oder ihrer Familie. Wie alle Lebewesen halten sie sich am liebsten dort auf, wo die meiste Harmonie, der meiste Komfort und der größte Frieden herrschen.

Auf dem nächsten Bild lässt sich sehr gut erkennen, wie das neue Leben, das kleine Fohlen (es ist etwa einen Monat alt) von den Körpern des »Vaters« und der Mutter umringt und damit beschützt wird. Ihre Haltungen sagen: »Schlaf, kleines Fohlen, wir beschützen dich, ruh dich aus, wir sorgen für deine Sicherheit.« Die Herde grast friedlich und der »Vater« döst in der Sonne. Die Mutterstute trägt auf dem Foto übrigens eine Fliegenmaske, die wir unseren frei lebenden Pferden in Sommer manchmal anziehen, wenn sich ihre Augen aufgrund der vielen Insekten etwas entzünden.

Diese kleine Familie hat sich spontan gebildet, als die Mutterstute mit ihrem neugeborenen Fohlen neu in die bestehende Herde aufgenommen wurde. Study, einer der Wallache, nahm die Rolle des Ersatzvaters spontan an und schützte das Kleine vor allen anderen dominanteren oder unerfahrenen Junggesellen, die noch nie zuvor ein Fohlen gesehen hatten. So entstand eine feste kleine Familie, und als die Mutterstute mit ihrem Fohlen nach einigen Monaten die Herde wechseln musste, trauerte der zurückgebliebene Study sichtlich für einige Tage, indem er sich von der Herde absonderte und in die Weite starrte.

Trotz alledem sollten Pferde nicht vermenschlicht werden. Sie leben ihre Gefühle zwar aus, bleiben aber nicht an ihnen »hängen«. Nachdem Study einige Tage getrauert hatte, nahm er sein fröhliches Leben wieder auf. Familienbande bestehen realistisch und natürlich, ganz so, wie sie sind, und ohne gedankliche Dramatisierung. Wenn ein Fohlen die Mutter verlässt, ist diese nach einigen Tagen des Abschiedsschmerzes auch alleine wieder »vollständig«.

*»Schlaf, kleines Fohlen, wir beschützen dich, ruh dich*
*aus. Mama und Papa sorgen für deine Sicherheit.«*

# Zugehörigkeit

Mutter Natur hat für alles eine Antwort bereit. Sie ist Ordnung und Einfachheit. So geschieht es ganz natürlich, dass die kleine Melody, obwohl sie ein »fremdes« Fohlen ist, das mit seiner Mutter aus einem anderen Stall zur Herde kommt, innerhalb weniger Stunden zur Herde gehört, als sei sie hier geboren worden. Alle Pferde beschützen sie, achten sie, gewähren ihr den Platz, den sie braucht, und geben ihr ihre Erfahrungen weiter. Auf eine freie Art erziehen sie das kleine Wesen.

Woher wissen sie das? Warum tun sie das? Es ist ihre Natur, die sie dazu bringt, einfach zu sein und das zu tun, was im jeweiligen Moment zu tun ist. Sie brauchen es nicht zu lernen, nicht erst darüber nachzudenken. Sie sind einfach gegenwärtig im Moment präsent, als lauschten sie der großen Symphonie der Schöpfung und handelten danach.

Das Leben könnte so einfach sein, und natürlich lebende, gesunde Pferde sind ein gutes Vorbild für uns Menschen. Wie wäre es, wenn unsere Kinder auch so natürlich in einer Gemeinschaft aufwachsen könnten, beschützt und in ihrer angeborenen Position, in Freiheit und Natürlichkeit? Das wäre doch schön und eine gute Investition in die Zukunft der Menschheit …

»Ich gehöre dazu, in eurer Mitte fühle ich mich zu Hause! Ihr beschützt mich. Welch ein Glück, in einer Familie zu leben und zu wissen, dass ich, auch wenn ich klein und unerfahren bin, mich doch am richtigen Platz befinde! Hier kann ich wachsen und einfach ich selbst sein ...«

# Lernen durch Imitation

Fohlen lernen durch Imitation. Das gilt auch noch für ausgewachsene Pferde, aber bei den Fohlen und Jungpferden ist es noch viel deutlicher zu erkennen.

Melody bräuchte noch kein Wasser, denn sie deckt ihren Flüssigkeitsbedarf durch die Milch, aber sie macht alles nach, was ihre Mutter tut. So auch hier: an das rote Gefäß annähern, den Kopf senken und die Lippen in die Flüssigkeit tauchen … sehr bald schon wird sie trinken! Auf die gleiche Weise versucht sie sich am Gras. So manchen Halm hat sie schon gekaut.

Später wird sie die Bewegungen ihrer Mutter imitieren, sich im Ohrenanlegen und im Halssenken versuchen. Die ganze Palette der Körpersprache zwischen den Pferden lernt sie durch Imitation – erleben, beobachten und nachmachen.

Diese ausgeprägte Lernfähigkeit ist Pferden angeboren. Sie hilft den Fluchttieren, sich rasch an jede Umgebung und an jede neue Lebenssituation anzupassen. Das Fohlen lernt von seiner Mutter die Pferdesprache schnell und einfach. Weil es dabei sowohl gute als auch schlechte Angewohnheiten übernimmt, ist die Einstellung und Beziehung der Mutter zu uns Menschen von fundamentaler Bedeutung. Die Ohren anlegen, wenn Menschen kommen, sie anrempeln und ihnen auf die Füße treten, sie anknabbern oder beißen, sich nicht einfangen lassen usw. – es gibt so viele Dinge, die ein Fohlen besser erst gar nicht mitbekommt …

Deshalb ist es so wichtig, dass wir mit Fohlen bewusst und aufmerksam umgehen: Jede Geste, jedes Geschehnis bedeutet etwas für das kleine Wesen, diesen jungen, aufnahmebereiten Geist.

»Zeig mir die Welt! Was machst du da? Ich will alles wissen!
Ich mache dir alles nach, du bist meine weise Mama!«

# Energie und Bewegung

Lebenslust, Lebensfreude, Bewegung … ein gesundes frei lebendes Pferd bewegt sich gern und leichtfüßig. Wilde Pferde legen am Tag zwischen 25 und 50 km zurück, meistens im Schritt oder leichten Trab, von Gras zu Blatt und Kraut am Wegesrand, von einer satten Weide zur Wasserstelle und zum Sandplatz … und hin und wieder galoppieren sie aus reiner Lebensfreude. Dabei buckeln und steigen sie, sie drehen sich, machen Pirouetten und springen auch gern. Vor allem Fohlen und junge Pferde drücken ihre Gesundheit durch athletische Bewegungen aus. Dabei ist die Leichtigkeit, Eleganz und Schönheit dieser Bewegungen einzigartig; Pferde drücken dabei eine solch schwerelose Freiheit aus, dass auch Nicht-Pferdebegeisterte beim Betrachten solcher Szenen nur staunend und bewundernd zuschauen können.

Das Fohlen auf dem Foto galoppiert Haken schlagend auf dem Reitplatz umher, entfernt sich weit von seiner Mutter, um dann in voller Geschwindigkeit zu ihr zurückzukehren. Vor allem Fohlen und junge Pferde brauchen viel Bewegung, um zu wachsen, ihre Muskeln zu entwickeln und gesund zu bleiben.

Pferde haben von Mutter Natur viel Energie geschenkt bekommen, um weit und schnell wie der Wind laufen zu können. Heute gewinnen sie dank dieser unbändigen Energie Rennen für uns. Sie müssen sich in alle sechs Richtungen bewegen können, ihre Hufe benutzen, die Welt erforschen, durch Gräben, über Hügel, Hänge und verschiedene Bodenbeläge laufen. Es ist so selbstverständlich, dass das Symbol für Freiheit und Leichtfüßigkeit, das Fluchttier Pferd, viel Bewegung, Raum und Platz braucht, dass es kaum zu glauben ist, dass Pferde heutzutage bei unserem Wissensstand, unserer überragenden Intelligenz, tatsächlich noch in kleinen Boxen leben müssen!

Wie kann ein Fohlen denn zu einem gesunden, ausgeglichenen Pferd und Partner heranwachsen, wenn es nicht mit vielen anderen jungen Pferden und alten, erfahrenen Leitstuten und Hengsten zusammenlebt und sich frei bewegen kann?

Es geht schlecht, aber leider nicht schlecht genug, um die Menschen zur Einsicht und die Pferde somit zurück in die Herden und auf die Weiden zu bringen, raus aus den Reitställen und zurück in die Natur – und zwar ganzjährig. Denn ein in der Box aufgezogenes Fohlen wird nicht so auffällig krank, dass der Mensch sich gezwungen fühlt, etwas zu verändern. Dabei geht es in erster Linie nicht um physische Krankheiten – Pferde in Boxen sehen äußerlich gesund aus – sondern um mentale und emotionale Krankheiten und Verhaltensstörungen. Pferde können ja nicht schreien und sich beklagen, sonst würden wir uns aus den Boxen einiges anhören müssen.

Energie und Bewegung
»Mein junges Dasein ist wunderbar, ich bin glücklich, frei und feiere das Leben mit meinem Tanz. Sonne, Licht, Wasser, Erde: Alle Elemente und alle Jahreszeiten sind perfekt, um in Freude zu leben.«

Neugierde
»Ich bin so neugierig auf dich! Wer bist du bloß? Angst habe ich keine mehr vor dir ... ob ich dich wohl fressen oder zumindest ein wenig mit dir spielen kann?«

Spiel
»Dieses Ding ist sehr interessant, es macht riesigen Spaß, es überallhin zu bewegen, sieh mal, wie es fliegt, schau nur, wie es kullert, und jetzt guck mal, wie schnell ich laufen kann!«

# Neugierde

Fohlen sind verspielt und unbekümmert. Sie erobern diese Welt immer wieder neu, jeder neuer Atemzug bringt eine Entdeckung. Ihre Neugierde ist dabei so groß, dass alles Unbekannte genau untersucht werden muss. Auf diese Weise werden Fohlen mutig, und wenn wir diese angeborene, unschuldige Neugierde nicht zerstören, dann wächst ein selbstbewusstes, offenes Pferd heran, das in der Menschenwelt mit seiner ureigenen Angst als Fluchttier gesund umzugehen weiß.

Es ist ein Leichtes, unerwünschte Resultate zu erzeugen, indem wir z. B. das Fohlen auf dem Foto links unten (Seite 60) bestrafen, wenn es diesen Plastikstuhl ins Maul nimmt, ihn herumträgt, darüberläuft und ihn vielleicht sogar kaputt macht – denn dadurch würde seine Neugierde eingeschränkt werden. Fohlen brauchen von uns Menschen Weitsicht, Verständnis und Offenheit … wie Kinder auch.

Der sechs Monate alte Libertas sieht gerade zum ersten Mal in seinem Leben einen weißen Plastikstuhl. Er hat sich dem Objekt in Schlangenlinien genähert. Als er sicher ist, dass es sich nicht um ein gefährliches Raubtier handelt, berührt er es mutig mit der Nase. Seine beiden Ohren, seine ganze, scheinbar ungeteilte Aufmerksamkeit gilt dem Stuhl. Er wird probieren, ihn zu fressen, versuchen, ihn zu bewegen, und sich auf jede erdenkliche Art mit ihm vertraut machen. Danach werden alle weißen Stühle für alle Zeiten als ungefährliche, interessante Objekte in seinem Zellgedächtnis gespeichert sein … ein sicherlich erwünschtes Ergebnis für ein Leben in der Menschenwelt.

# Spiel

Einige Momente später ist Libertas damit beschäftigt, einen Leitkegel herumzutragen, an den er sich genauso vorsichtig angenähert hat wie vorher an den Stuhl. Er verbringt eine halbe Stunde mit diesem neuen Spielzeug, denn er hat große Freude an der Beweglichkeit und Leichtigkeit dieses Objekts. Er wirft sein Spielzeug in die Luft, schüttelt es in alle Richtungen, trägt es an verschiedene Stellen auf dem Sandplatz und läuft davon, um gleich wieder zurückzukommen und den Kegel mit seinen Vorderbeinen vor sich herzurollen. Er ist dabei entspannt in sein Spiel versunken, bewegt seinen ganzen Körper, dreht sich, springt, läuft – kurz, er hat sichtlich Spaß am Spiel und an der Bewegung.

Spielen ist eines der Grundbedürfnisse der Pferde, sie lernen spielend, erneuern täglich spielend ihre Hierarchie, trainieren spielend ihre Körper und ihre angeborenen Fähigkeiten – sei es hinsichtlich ihrer Bewegung, ihrer Schnelligkeit oder ihrer Kraft – auf diese Weise.

Pferde spielen jedoch erst, wenn sie sich sicher fühlen und sie es bequem haben, d.h., wenn sie gesund sind, genug zu fressen, genügend Auslauf, genügend Ruhe und einen geregelten Rhythmus haben … Alle Pferde brauchen das Spiel, um ein erfülltes Leben führen zu können, und für Fohlen ist das Spielen dementsprechend doppelt so wichtig. In der Akademie AsvaNara sagen wir gern: »Willst du ein guter PferdeMensch werden, dann spiele mit deinem Pferd, und arbeite an dir selbst«. Das ist eine gute Methode, die Pferdesprache zu erlernen.

# Erziehung

*»Wenn dir deine Gesundheit lieb ist, dann geh jetzt keinen Schritt weiter. Komm mir bloß nicht zu nahe, sonst wirst du mit meinen Zähnen oder Hufen oder beidem Bekanntschaft schließen. Ich warne dich, einen Zentimeter weiter, und du wirst es bereuen. Du bist in meiner persönlichen Zone nicht erwünscht, bist weder Freund noch Verwandter. Du kleiner Frechdachs wirst mich mit dem gebührenden Respekt behandeln, wie sich das gehört.«*

Unser kleiner Freund Libertas geht nun, etwas provokativ, auf Barney, einen der dominanteren jungen Wallache der Herde zu. Dieser lässt ihn genau so nah an sich herankommen, wie es sein persönlicher Raum* zulässt. Dann legt er entschieden die Ohren zurück, kneift Nüstern und Lippen zusammen, und der Ausdruck seiner Augen sagt dem jungen Fohlen mit unmissverständlichem »Schwiegermutterblick«*, dass es sich fernhalten soll.

Und Libertas versteht diese Sprache auf Anhieb. Er weicht leicht zurück, so als hätte er den Rückwärtsgang eingelegt, verlagert sein Gewicht auf die Hinterbeine und öffnet das Maul rhythmisch kauend zur Unterwürfigkeitsgeste: *»Tu mir nichts, ich respektiere dich und werde alles tun, was du*

*von mir verlangst.*« Barney hätte sein »Versprechen« eingehalten und Libertas seine Grenzen mit Hufen und Zähnen gezeigt.

Diese Szene ist ein einleuchtendes Beispiel dafür, wie natürliche Fohlenerziehung zu Respekt und Vertrauen in der Herdengemeinschaft von selbst geschieht, ohne dass der Mensch überhaupt eingreifen muss. Pferde sind die besten Lehrmeister für junge Fohlen und nehmen uns die Arbeit der Erziehung ab – sie können dies sowieso viel besser als wir. Solange die Naturgesetze eingehalten werden, bleibt jedes Lebewesen im Gleichgewicht. Welch schöne Vision ist es, dass alle Fohlen wieder frei in der Herdengemeinschaft aufwachsen dürfen!

# Unterwürfigkeit

Libertas hat die erste Zeit seines Lebens alleine mit seiner Mutter verbracht, die eine durch harte menschliche Hände etwas verbitterte und ermüdete, aber sehr sanfte Quarterhorsestute ist. Für sie alleine war es schwierig, den energiegeladenen Libertas in seine Grenzen zu weisen und zu einem natürlichen, offenen Fohlen zu erziehen. Schon mit vier Monaten hat Libertas seine Mutter dominiert!

Bei seiner Ankunft in der Akademie AsvaNara hatte der Kleine ein verzerrtes Selbstbild, ganz nach dem Motto: »*Ich bin der Größte, bin der Herrscher des Weltalls, und niemand wird mich je bremsen.*« Kurz darauf, als er mit der Herde in Kontakt kam, wurde dieses Weltbild von den frei lebenden Pferden in seinen Grundfesten erschüttert. Er musste lernen, wie klein er wirklich war, ein Fohlen ohne große Kräfte.

So erinnerte er sich schnell an die angeborene Pferdesprache, die tief in ihm verborgen war, die er jedoch bis dahin noch nie gebraucht hatte. Auf den Fotos sehen wir ihn mit zwei verschiedenen Pferden, denen er sich unterwürfig zeigt. Dabei öffnet er sein Maul, lässt die Zunge heraushängen und zieht die Nase zu einer Grimasse zusammen. Mit dem offenen Maul macht er beständig Bewegungen, die dem Kauen ähnlich sind. Seine Augen sind weit aufgerissen und machen einen besorgten Eindruck. Auch seine Körperhaltung strahlt Ergebenheit aus.

Die erwachsenen, gesunden Pferde, die dieses Signal sehen, schließen das Fohlen automatisch aus ihren Dominanzspielen aus und akzeptieren seinen noch »neutralen« Status im großen Spiel des Lebens – »*Wer bewegt wen?*«* Sie würden einem so seine Unterwürfigkeit signalisierenden Fohlen niemals wehtun.

Leider gibt es heutzutage Pferde, die durch ihr unnatürliches Umfeld und die unnatürliche Haltung so von ihrem Instinkt entfremdet sind, dass sie ihre eigene Pferdesprache nicht mehr richtig sprechen und manchmal mit anderen Pferden einfach nichts anzufangen wissen. Sie kennen auch die Signale und Dominanzspiele nur noch bruchstückhaft und könnten z. B. die Unterwürfigkeitsgeste missverstehen und das Fohlen angreifen. Solche Tiere würden wir in der Menschensprache als »krank« oder »sozial gestört« bezeichnen. Einige von ihnen entwickeln eine Vielzahl von Verhaltensstörungen wie z. B. Weben, Koppen, nervöse Ticks, Aggressivität, und im schlimmsten Fall Selbstzerfleischung. Da sie leider keine Einzelfälle sind, ist es so wichtig, dass Pferde (und Menschen) endlich zu ihrem Gleichgewicht, zur Natur und Natürlichkeit zurückfinden. Die Zeit war noch nie so reif wie jetzt!

»Ich bin klein, so klein und zart, bitte tu mir nichts,
schau doch, wie klein ich bin und wie groß du bist!
Bitte tu mir nichts!«

# Die Bedeutung der Körpersprache

## Linke Gehirnhälfte

Einer der wichtigsten Schlüssel zum Verständnis der Pferde ist die gedankliche Aufteilung ihrer Verhaltensweisen, denn diese sind entweder von der rechten oder von der linken Gehirnhälfte gesteuert.

Dabei handelt es sich um ein aus den USA stammendes Lehrmodell, das eine ungefähre Entsprechung in der Natur und in den zwei Gehirnhemisphären findet. Es geht davon aus, dass in jedem Pferd zwei Naturen leben: ein Haustier, das denkende, logisch lernende, für eine Beziehung mit uns offene Geschöpf, unser Freund und Partner (linke Gehirnhälfte) und ein Wildpferd, das Fluchttier, ein durch und durch instinktiv handelndes, automatisch funktionierendes Wesen, das von Mutter Natur gelenkt wird, wenn es Gefahr spürt und es darum geht, sein Überleben zu sichern (rechte Gehirnhälfte).

Pferde können sehr schnell zwischen der linken und der rechten Gehirnhälfte wechseln – und diese Fähigkeit ist die Ursache vieler Missverständnisse zwischen Mensch und Pferd, denn der »liebe Freund« Pferd kann sich blitzschnell in ein »unberechenbares Ungeheuer« verwandeln, ohne dass wir wissen, wie uns geschieht.

Auf dem Foto sehen wir Vida und Fiamma in der typischen Haltung der »linken Gehirnhälfte«: Der Kopf ist gesenkt und wird unterhalb des Widerristes gehalten, die Muskeln sind entspannt, die Augenlider bewegen sich, die Ohren sind mobil und locker, der Schweif ist gesenkt – Frieden und Harmonie umgeben die beiden grasenden Stuten.

In dieser Modalität lernen Pferde schnell und beständig, sie sind neugierig, interessiert und aufmerksam, und sie kommunizieren gern mit uns. Diese Gehirnhälfte wird auch »Partnerschaftshälfte« genannt. Je besser wir Menschen die Pferdesprache erlernen, desto einfacher wird es für uns, Pferden zu »erklären«, dass es auch in der »Raubtierwelt« in unserer Anwesenheit so sicher ist, dass sie sich wie ein Partner verhalten können und nicht um ihr Leben fürchten müssen. Dann werden sie immer häufiger die linke Gehirnhälfte benutzen – und so geschehen weniger Unfälle und Mensch und Pferd haben mehr Erfolg und mehr Freude an ihrer gemeinsamen Zeit.

*»Das Leben ist toll, und das Gras schmeckt fantastisch! Wir sind in Sicherheit, können das Leben genießen und sind entspannt, aber neugierig und wachsam.«*

# Rechte Gehirnhälfte

Die rechte Gehirnhälfte ist dementsprechend für das gegenteilige Verhalten verantwortlich. Pferde, die aus der rechten Gehirnhälfte heraus handeln, sind wilde Fluchttiere. Sämtliche Muskeln im Körper sind angespannt, die Ohren gespitzt und in höchster Alarmbereitschaft, Kopf und Schweif werden hoch getragen, häufig ist der Rücken zu einem Hohlkreuz und der Hals zu einem »Schwanenhals« durchgedrückt. Die Augen sind starr und »ohne mit der Wimper zu zucken« auf die Gefahr gerichtet, die Nüstern sind geweitet, und das Ausatmen erfolgt stoßweise oder prustend.

Das Pferd ist in solchen Situationen von Kopf bis Schweif mit dem Stresshormon Adrenalin erfüllt, und sein System arbeitet sozusagen im instinktiven Überlebensprogramm. Das Pferd ist davon überzeugt, dass seine unmittelbare Umwelt, oder ein wie auch immer gearteter Reiz aus dieser Umwelt, Lebensgefahr bedeutet, und es reagiert seiner Natur entsprechend auf diese Gefahr: Es flieht. Kann es das nicht, weil z. B. ein Reiter auf seinem Rücken sitzt oder es angebunden in der Stallgasse steht, so wird es buckeln, steigen, scheuen, zurückziehen usw., um dann zu fliehen, wenn es sich freigekämpft hat. Durch das Adrenalin spürt das Pferd keinen Schmerz und läuft so mit unbändiger Kraft gegen alle Hindernisse, die ihm im Weg sind oder sich ihm den Weg stellen – seien es Zäune, Wände oder Menschen.

Das Pferd hat dabei keine Wahl, denn Mutter Natur diktiert sein Verhalten. Es ist leicht ersichtlich, dass ein derart um sein Leben bangendes Pferd nicht nur für sich selbst eine Gefährdung darstellt, sondern auch für seine Umwelt, seinen Reiter, seinen Pfleger, seine Stallgenossen, Passanten, den Verkehr u. v. a. m. gefährlich wird.

Alle Programme der rechten Gehirnhälfte laufen automatisch ab. Es gibt Bewegungen und Dynamiken, die einem Pferd dabei helfen können, von der rechten Gehirnhälfte zur linken hinüberzuwechseln, auf die wir aber im Rahmen dieses Buches nicht genauer eingehen können. Hier sei nur gesagt, dass eine solide Beziehung zwischen Pferd und Mensch, aufgebaut auf Vertrauen und Respekt, dem Tier dabei hilft, die meiste Zeit in der Menschenwelt »denkend« und »auf der linken Gehirnhälfte lebend« zu verbringen – ein Segen für Pferd und Mensch!

Die beiden Stuten auf dem folgenden Foto sind Vida und Fiamma – und sie haben kurz vorher noch friedlich und entspannt das hohe Gras der Weide genossen. Es reichte ein Geräusch im Gebüsch, und sie glaubten, ihr Ende sei nah. Wie könnten sie auch an diesem ersten Tag in einer unbekannten Umgebung wissen, dass es in unseren Breitengeraden keine Pumas und Berglöwen mehr gibt? Gerade sind sie eine große Strecke galoppiert, nun ist ihr Trab raumgreifend und mächtig.

Als Nächstes werden sie anhalten, sich umdrehen und der Gefahr ins Auge schauen, denn sie sind schon weit genug von dem Geräusch entfernt. Wenn sie annehmen, dass die Gefahr gebannt ist, werden sie zur linken Gehirnhälfte wechseln und sich entspannen oder, wenn sie meinen oder fühlen, dass die Gefahr immer noch besteht, weiter fliehen.

In der Pferd-Mensch-Beziehung geht es darum, dass beide Partner ihr instinktives Verhalten – für das Pferd ist dies Flucht und für den Menschen ist es Angriff – durch Kommunikation und Verstehen überwinden und damit als Wesen wachsen und sich verändern; also Pferde »auf der linken Gehirnhälfte leben« und Menschen sich der Natur öffnen und zu ihren Ordnungsgesetzen zurückkehren.

*»Lauf, lauf um dein Leben, es kann jeden Moment vorbei sein. Flucht ist unsere einzige Chance, der Gefahr zu entkommen. Los, schneller und weiter! Je größer die Distanz zur Gefahr, desto größer unsere Überlebenschance!«*

# Die Ohren

Die Ohren der Pferde spielen in der Pferdesprache eine wichtige Rolle. Die Tiere können sie zur besseren Wahrnehmung von Geräuschen in jede Richtung bewegen. Damit drücken sie auch aus, wo ihre Aufmerksamkeit gerade liegt. Nach hinten gerichtete Ohren weisen nicht immer auf Aggressivität hin, sondern zeigen nur, dass das Pferd im Moment »nach hinten denkt«.

Pferde können ihre Umwelt rundum wahrnehmen ohne sich dafür bewegen zu müssen. Die Natur hat sie mit sehr beweglichen Ohren, mit Augen, dank derer sie auch sehen, was hinter ihnen vor sich geht, und mit dem »sechsten Rundum-Sinn« ausgestattet. So haben sie jederzeit die besten Chancen zur Flucht.

*»Ich bin neugierig und entspannt. Das Leben interessiert mich, und alles ist bestens. Ich bin trotzdem aufmerksam, denn man weiß ja nie ... Jeden Moment könnte sich alles verändern.«*

*»Was ist denn da hinten los? Will ein dominantes Pferd etwas von mir? Ich würde gern hier stehen bleiben, aber vielleicht sollte ich mich bewegen? Ich warte mal ab, was passiert.«*

# Neugierde und Aufmerksamkeit

Jeder PferdeMensch wünscht sich die Aufmerksamkeit, die dieses Pferd zeigt – zwei Augen und zwei Ohren, die ihn aufmerksam betrachten, bereit für eine gute Zeit zu zweit. Das Pferd ist von Natur aus ein großer Angsthase – und nur so hat es bis heute überlebt. Es gibt allerdings etwas, was die Angst überwindet: die Neugierde. Diese Offenheit, etwas Neues kennenlernen zu dürfen, schafft es, eine Brücke zum Menschen zu bauen.

Tom Dorrance, ein großer HorseMan, sagte einmal: »Zerstöre niemals die Neugierde in einem Pferd.« Leider passiert dies häufig, denn Menschen verstehen die Pferdesprache meist nicht. Sie sagen: »He, Pferd, stell dich doch nicht so an, wir wollen doch nur springen/spazieren reiten/Dressur reiten/in den Hänger gehen/die Hufe auf dem Waschplatz waschen/… Wo ist dein Problem?« Sie haben kein Verständnis für die angeborene Angst des Pferdes, also machen sie »kurzen Prozess«, und schon wird die Neugierde zerstört. Denn wie könnte ein Pferd noch neugierig auf jemanden sein, der es verletzt, und sei es nur in seiner Würde? Dann kommt es vor, dass das Pferd den Menschen gar nicht mehr ansieht – selbst wenn er direkt vor ihm steht, tut es so, als sei er Luft.

Neugierde und Aufmerksamkeit sind also notwendig, damit das Pferd unser wahrer Freund werden kann. Antares, der Wallach auf dem Foto, hat allen Grund zur Neugierde und Aufmerksamkeit; er lebt frei in einer Herde auf Wiesen und in Wäldern. Wenn er Menschen sieht, dann ist er richtig neugierig auf sie, denn er kennt sie nur als nette Wesen. In einer Umgebung voller Verständnis, Kommunikation und Gemeinsamkeit wird es allen Pferden so gut gehen.

*»Wer bist du, und was willst du? Du scheinst interessant zu sein. Ich möchte dich kennenlernen. Vielleicht kannst du mir etwas Lustiges zeigen, oder es gibt etwas Neues zu lernen. Ich werde dich vorläufig nicht aus den Augen lassen und dann entscheiden, was zu tun ist – stehenbleiben oder die Füße bewegen …«*

# Interesse

Ein interessiertes Pferd nähert sich langsam, behutsam und fast zärtlich. Pferde sind sehr sensible Wesen. Es scheint häufig, dass wir Menschen nur die Verbindung zu dieser Sensibilität verloren haben und die Pferde unsere Lehrmeister sind, die uns dabei helfen, sie wiederzufinden.

Auf dem Foto ist die Sanftheit fast greifbar dargestellt. Die Stute liegt am frühen Morgen, noch verschlafen, gemütlich dösend auf der Weide. Oakey, ein junger Quarterhorsewallach, nähert sich ihr behutsam, er ist noch neu hier und in der Herdenhierarchie auf den unteren Plätzen, während Star eine der dominantesten Stuten ist. Aber Oakeys Neugierde und Zärtlichkeit sind stärker als sein Status, und so kommt er »auf leisen Sohlen« zu seiner verehrten Star.

Im Gegensatz zum Menschen nähern Pferde sich einem interessanten Objekt in »Schlangenlinien«, d.h., sie sichten etwas, was sie neugierig macht, aber anstatt ohne Umwege auf dieses Etwas zuzulaufen, nähern sie sich erst behutsam ein wenig an, um dann in eine andere Richtung zu schauen und Desinteresse vorzutäuschen. Kurz darauf machen sie wieder einige Schritte in Richtung des interessanten Objektes … um erneut in eine andere Richtung abzudriften.

Diese Strategie ist ein typisches Verhalten für Fluchttiere – ein Raubtier würde geradewegs zu dem Gegenstand seiner Aufmerksamkeit laufen. Ein Fluchttier jedoch geht nur zu etwas interessantem Unbekanntem, wenn ihm dieses auch sicher erscheint. Aus der Schlangenlinie heraus kann das Tier jederzeit einfach fliehen. Für uns ist es wichtig, dieses Verhalten zu erkennen und auch selbst anzuwenden, damit Pferde verstehen, dass wir ihre Sprache sprechen.

Ein neugieriges Pferd geht über seine eigenen, von der Überlebensangst diktierten Grenzen. Deshalb ist es so wichtig, dass wir die klare, reine Neugierde der Pferde nie zerstören; wir brauchen sie, um unsere Pferd-Mensch-Beziehung aufzubauen. Oakeys Interesse an der schönen Star macht ihn so neugierig und mutig, ungeschriebene Gesetze zu brechen und sich einer Stute anzunähern, die dem Leithengst »gehört«. Sein sanftes Bewundern ist auch für Star Grund genug, ihn so nah bei sich zu dulden – sie scheint es sogar zu genießen! Interesse und Neugierde, Zärtlichkeit und Freundschaft sind einfach stärker als die Angst …

»Hallo, du interessierst mich sehr, du bist wunderschön, ich mag deinen Geruch, deine Schönheit, und ich würde dich gern näher kennenlernen.«

# Desinteresse

Die Augen dieser Fuchsstute sind fast geschlossen, die Lippen hängen, und die Ganaschenmuskeln sind angespannt. Die Stute ist neu in der Herde. Es ist Winter, und alle Pferde fressen Heu. Aber weil sie neu ist, weiß sie noch nicht so recht, wie sie sich verhalten muss. Wenn sie sich dem Heuballen nähert, schicken die anderen Pferde sie weg. Sie hat es jetzt schon oft ausprobiert, blieb aber leider erfolglos. Auch der Weißdorn vor ihr schmeckt nicht besonders gut. Sie ist der ganzen Situation hier überdrüssig.

Pferde haben wie alle Lebewesen mal gute und mal schlechte Tage. Das gehört zum Leben dazu. Schon bald wird die Stute ihre Position in der Herde finden, und ihre Miene wird sich aufhellen …

»Hier interessiert mich gar nichts! Es ist mir sogar ein bisschen zu viel und zu unbequem. Ich fühle mich nicht so richtig wohl und finde diese ganze Situation uninteressant.«

# Introversion

Introvertierte Pferde sind in der Beziehung zum Menschen die am meisten missverstandenen Wesen. Beim Betrachten des Fotos fällt auf, dass der schöne Braune eine gewisse Spannung in seinem Körper zeigt, die ihn wie eine Aura umrandet. Seine Augen haben diesen traurig anmutenden Blick, und seine Lippen sind angespannt, als presse er sie aufeinander. Sein gesamter Ausdruck ist eher dumpf, er wirkt wie eine erloschene Kerze, die zwar wunderschön ist und deren Flamme leuchten könnte, der aber der Funke fehlt, der das Licht, das vielleicht einmal vor langer Zeit ausgeblasen wurde, wieder entfachen würde.

Introvertierte Pferde strahlen manchmal Melancholie aus, sie wirken, als sei etwas in ihrem Inneren zerbrochen. Dies ist aber nicht immer der Fall, denn es gibt auch introvertierte Pferde, die »lächelnd« durchs Leben laufen. Ein klares Merkmal für Introversion ist jedoch, dass Menschen nie wirklich wissen, woran sie bei solchen Pferden sind. Sie scheinen die verlässlichsten Tiere und Partner zu sein, mit denen man alles machen kann, bis sie auf einmal wie aus heiterem Himmel »in die Luft gehen«. Dann geht nichts mehr, und der Umgang mit ihnen kann sehr gefährlich werden.

Dies geschieht, weil sie, wie die Bezeichnung »introvertiert« schon sagt, nicht zeigen, was in ihnen vorgeht. Man kann sagen, dass sie ihre Gefühle und sonst sichtbaren Reaktionen in sich hineinfressen. Sie haben meist große Angst vor Raubtieren und vor dem Leben allgemein. Diese Angst drücken sie aber nicht durch Bewegung oder Verteidigung, Buckeln, Weglaufen, Steigen oder Ähnliches aus – sie sind brave, liebe Pferde, verhalten sich so, dass sie nicht weiter auffallen, während die Emotion in ihrem Inneren immer stärker wird … wie bei einem Dampfkochtopf, der plötzlich und unerwartet explodiert. Auf Druck reagieren sie mit Unbeweglichkeit. Wir Menschen brauchen viel »Savvy« (Verständnis, Empathie, Offenheit,

»Was wird wohl gleich geschehen? Ich hoffe nur, dass alles gut geht! Besser, ich verstecke mich und verhalte mich unauffällig, dann fühle ich mich sicherer.«

Wissen, Vorbereitung) im Umgang mit diesen sensiblen Wesen und müssen ihre Körpersprache fließend »lesen« können – eine Fähigkeit, die wir uns mit viel Geduld und Zeit durchaus aneignen können.

# Krankheit

Der Quarterhorsewallach auf dem Foto hat sich ins Gras gelegt, obwohl all seine Weidegenossen in gewisser Entfernung grasen. Sein Fell ist stumpf, die Ohren hängen, und die Augen sind ausdruckslos. Er zeigt kein Interesse an seiner Umgebung, wirkt apathisch. Pferde können zwar nicht sagen: »*Schau, mir tut es hier und da weh*«, aber wenn wir ihre Körpersprache verstehen lernen, ist es relativ einfach, sofort zu erkennen, wenn ein Pferd krank ist. Im Umgang mit ihnen ist alles anders als sonst, sie schleppen sich dahin, lassen den Kopf hängen und fressen oder saufen meist nicht. Als Fluchttiere sind sie normalerweise an jeder Veränderung ihrer Umwelt interessiert. Ein apathisches Pferd ist auf jeden Fall krank, denn es ist ihm egal, was Mutter Natur mit ihm macht, ob es getötet wird oder überlebt. Ein krankes Pferd kann nicht so tun, als sei alles in Ordnung.

Heutzutage gibt es viele Pferdekrankheiten, deren Ursachen in der nicht artgerechten Pferdehaltung und -fütterung liegen. Krankheiten wie Koliken, Wurmbefall und viele Erkrankungen des Bewegungsapparates könnten vermieden werden. »Haltet die Nahrung und das Umfeld der Pferde so natürlich wie möglich«, sagen wir in der Akademie AsvaNara (frei nach Prof. Werner Kollath). Unsere Pferde erkranken äußerst selten.

»Mir tut alles weh. Das Leben macht mir keine Freude mehr. Ich bin matt und müde. Ich kann mich kaum bewegen. Mir ist alles egal.«

# Respektlosigkeit

Zwei Pferde lernen sich kennen. Erst beschnuppern sie sich »Nüster an Nüster«, und dann dringen sie in den persönlichen Raum des unbekannten Gegenübers ein – und die Dominanzspiele beginnen. »Wer bewegt wen?«, ist wie immer die Frage. Dabei kann das Spiel auch subtil ablaufen, wie wir auf dem nächsten Foto sehen können. Der Braune dringt in den persönlichen Raum des Palominos ein und beißt in das Halfter. Er hält seinen Artgenossen auf diese Art und Weise einfach fest. Damit hat er den Palomino schon bewegt, denn dieser »hängt« jetzt an ihm und der Kraft seiner Zähne. Der Palomino hat nun seinerseits die Wahl, den Braunen durch seine Kraft zu bewegen, müsste dazu aber massiv werden, denn der Braune ist im Vorteil. Wenn dieser stark am Halfter zieht, wird es schmerzhaft sein.

Man könnte auch sagen, der Braune ist »mit der Tür ins Haus gefallen« und hat respektlos seinen Vorteil (er trägt kein Halfter) ausgenutzt. Es gibt sie wirklich, solch respektlose Pferde! Respektlosigkeit ist nicht unbedingt angeboren, denn die verschiedenartigsten Lebensumstände können dazu führen, dass sie sich die Einstellung »Gib her! Das steht mir zu! Ich bin besser, stärker, größer und überhaupt …!« aneignen. Sie sind nicht unbedingt beliebte Herdengenossen. Auch mit den Menschen setzen sie sich gern respektlos auseinander, d.h., sie schubsen sie herum oder benehmen sich aggressiv und legen die Ohren an, beißen und treten, wenn sie gefüttert werden.

Der Mensch sagt dann entschuldigend: »Tja, mein Pferd verhält sich eben so, das ist der Futterneid.« Doch in Wirklichkeit handelt es sich um Respektlosigkeit. Ein Pferd würde sich einem Alphatier, das der Mensch werden will, eigentlich niemals so präsentieren!

Respektlose Pferde gehören in eine gesunde Herde, in der sie sich in die Hierarchie einordnen müssen, oder in die erfahrenen Hände eines natürlichen PferdeMenschen, den sie als Alphatier annehmen und der sie durch Kommunikation wieder in ihre Rolle als Partner und nicht als »Feind« begleitet.

Das Foto enthält aber noch eine andere Lehre … **Niemals ein Halfter am Kopf des Pferdes lassen** – und schon gar nicht ein natürliches Strick-Halfter, denn das zerreißt nie, und es könnte zu ernsten Unfällen kommen.

»Gib mir diesen Strick, der auf deinem Kopf hängt. Los, gib ihn her. Ich lasse nicht eher los, bis du mir gibst, was mich interessiert!«

# Verwirrung

Ein Ohr nach vorne und das andere nach hinten gedreht, große Augen, ein angespannter und hoch getragener Hals, der Kopf höher als der Widerrist, die Nüstern geöffnet und das Maul angespannt – all dies sind Zeichen dafür, dass der braune Vollblutwallach Carletto verwirrt ist.

Verwirrung bei einem Pferd ist ein Warnsignal für den Menschen, denn es könnten viele unvorhersehbare Dinge passieren. Wenn ein Mensch sagt, ein bestimmtes Pferd sei unberechenbar, hat er wahrscheinlich nur die Warnungen übersehen. Die Sprache der Pferde ist klar, nur leise und kaum wahrnehmbar.

Das wichtigste Grundbedürfnis für Pferde ist, wie schon erklärt, Sicherheit. Logischerweise kann ein Fluchttier nur an einem Ort verweilen, an dem es sich sicher fühlt. Ist es unsicher und verwirrt, wird es sich wie ein Fluchttier verhalten und fliehen, oder wenn die Flucht nicht möglich ist, weil z.B. ein Reiter es daran hindert, dann wird es buckeln, steigen, zurückziehen, losrasen und all diese Dinge tun, die Menschen bei einem Reitpferd nicht mögen.

Dabei ist es gar nicht schwer: Gibt man dem Pferd Sicherheit und bringt ihm Vertrauen entgegen, wird die Verwirrung verschwinden. Wie lässt sich das umsetzen? Ganz einfach indem wir wie ein Pferd denken, indem wir dem Pferd zeigen, dass wir nicht so gefährlich sind, wie es vielleicht glaubt, und dass es in unserer Nähe sicher sein kann, weil wir es nie töten werden. Dann können wir die Sicherheit verkörpern, die das Pferd in verwirrenden Situationen so dringend braucht.

»Hier passiert etwas, was mir nicht gefällt. Ich bin unsicher und angespannt, verstehe nicht, was gerade geschieht. Vielleicht sollte ich lieber fliehen, solange ich noch kann, denn diese Situation ist bald zu viel für mich.«

# Flehmen

Diese typische Position – die Oberlippe hochgezogen, der Hals erhoben, die Augen halbgeschlossen, der Blick auf die Nüstern gerichtet –, die meistens bei Hengsten oder sehr männlichen Pferden gesehen werden kann, nennt sich »Flehmen«. Es sieht auf dem Foto aus, als würde das Pferd schnuppern, eine Grimasse schneiden, einen äußeren Reiz, einen Geruch innerlich verarbeiten, sozusagen die Nachrichten seiner Umwelt analysieren. Obwohl es typisch ist, benutzen Pferde das Flehmen in ihrem täglichen Leben nur selten.

Das Flehmen gibt es nicht nur bei Pferden, sondern bei allen Huftieren und z. B. auch bei Katzen. Durch die hochgezogene Oberlippe können Pferde in der Tat besser riechen, denn so werden verschiedene innere Drüsen aktiviert, die dem Pferd »mitteilen« können, ob der aufgenommene Geruch, z. B. von Urin oder Kot, bestimmte Hormone enthält. Flehmen hat viel mit dem Sexualverhalten zu tun – ein Hengst flehmt, um zu erfahren, ob eine Stute sich der Rosse, der Paarungsbereitschaft, nähert oder schon rossig ist.

»Was geht in meiner Herde vor? Ich möchte erfahren, wer heute rossig ist und wie meine Position in der Herde dadurch beeinflusst werden könnte. Im Grunde bin ich sehr neugierig, die Neuigkeiten des Tages interessieren mich immer!«

# Gähnen

Was gibt es Schöneres als tiefe Entspannung? Wenn ein Fluchttier in Freiheit so herzhaft gähnt, signalisiert es Gesundheit, Wohlbefinden, Ausgeglichenheit und Glücklichsein.

Gähnen beruhigt das Gehirn, bringt Sauerstoff in die Lungen und in das Blut – und so in alle Körperzellen. Gähnen hilft auch Pferden bei der Ausschüttung von Endorphinen, dem besten körpereigenen Beruhigungsmittel, das Mutter Natur den Lebewesen zur Verfügung stellt – ganz ohne Rezept und Nebenwirkungen.

Häufig sehen wir bei Pferden ausgiebiges Gähnen nach einer Stresssituation, so z. B. nach einem Springturnier, bei dem sie voller Adrenalin über die Hindernisse gesprungen sind. In diesem Fall ist das Gähnen eine Art Notfallmittel, mit der das System wieder ins Gleichgewicht gebracht werden kann.

Gähnen hat bei Pferden nichts mit Langeweile zu tun, sondern mit Entspannung. Pferde, die sich langweilen, verhalten sich nämlich destruktiv oder werden aggressiv.

»Ich fühle mich wohl, bin in Sicherheit, habe mich ausreichend bewegt, habe gut gegessen und geruht, bin in bester Gesellschaft ... Ach, mir geht es so richtig gut!«

# Müdigkeit und Langeweile

In der Menschensprache hätte eine solche Aussage eine negative Bedeutung. Wir würden versuchen, den Zustand zu ändern, um der Langeweile und der Müdigkeit zu entkommen. Bei Pferden ist das ganz anders. Sie leben die Empfindungen des Moments ohne Wertung. Shiva, der Araberwallach auf dem Foto, »beschwert« sich nicht über seine Müdigkeit oder Langeweile. Er drückt sie einfach aus und will nichts daran ändern, sondern scheint ganz damit einverstanden.

Pferde sind von Natur aus eher »faule« Wesen. Die beste Belohnung für ein Pferd ist eine Pause. Das scheint ein Widerspruch zu der Meinung zu sein, die Menschen häufig von Pferden haben – dass sie »Rennmaschinen« sind. Schnelligkeit und Aktivität sind Talente der Pferde, die wir nutzen, indem wir die Tiere uns bei den verschiedensten Arbeiten helfen lassen. Aber wenn wir Pferde fragen würden, was sie wirklich wollen, dann wäre die Antwort sicher: »*Einfach SEIN.*« Und das beinhaltet nun auch einmal viel Nichtstun – was Schnelligkeit, Feuer und Aktivität aber keinesfalls ausschließt …

»An diesem sonnigen Morgen habe ich zu nichts Lust!
Ich bin satt und kenne unsere Routine. Müde bin ich auch.
Was für ein langweiliger Tag!«

# Ausruhen

Bei der Überzeugung, dass Pferde nur im Stehen schlafen, handelt es sich um einen der unzähligen Mythen, die sich seit Generationen in der Pferdewelt halten. Im 19. Jahrhundert wurden Pferde beim Militär und als Zug- und Arbeitstiere eingesetzt. Sie mussten damals bis zu 16 Stunden am Tag arbeiten, Soldaten und schweres Material auf ihrem Rücken transportieren bzw. den Karren oder Pflug ziehen. Aus Platz- und Bequemlichkeitsgründen wurden die Tiere dann zum Ausruhen in einen engen Ständer gestellt und kurz angebunden, damit sie sich nicht hinlegen konnten. So waren sie sofort wieder einsatzbereit, wurden nicht schmutzig und außerdem konnte man auf diese Weise Platz sparen. Um das Gewissen zu beruhigen, sagte man sich wahrscheinlich, dass Pferde ohnehin im Stehen schliefen. Die Wahrheit ist, dass Pferde im Stehen dösen können, ein Tiefschlaf aber nur im Liegen möglich ist. Frei lebende Pferde legen sich sehr gern hin, sie schlafen im Durchschnitt zwei bis drei Stunden liegend, Fohlen und Jungpferde natürlich viel mehr.

Auf dem Foto liegt Luzo gemütlich im Heu des Rundballens, er ist satt, die Sonne scheint, und was gibt es jetzt Schöneres als ein genussvolles Nickerchen auf einer weichen Unterlage? Für die Gesundheit der Pferde ist es wichtig, dass sie sich beim Ausruhen und Schlafen ausstrecken können. Deshalb sollte eine Box, wenn ein Pferd nun wirklich nicht im Freien leben kann, mindestens 4 x 5 m groß sein, damit es sich ohne Probleme hinlegen und wieder aufstehen kann.

»Luzo liegt auf dem guten Heu …«, sagt uns der eine oder andere Kursteilnehmer. Wir geben den Pferden im Winter Heu in Rundballen, die wir auf die Weide stellen. Auch wenn ein kleiner Teil des Heus durch Urin und Kot verunreinigt wird und deshalb liegen bleibt, können wir nach siebenjähriger Erfahrung mit dieser Art der Fütterung sagen, dass nicht viel davon verschwendet wird. Der Gesamtverbrauch von Heu steigt nicht über 15–18 kg pro Kopf pro Tag. Die Vorteile dieser Art der Fütterung sind sehr groß, denn die Pferde sind immer satt, gesund und ausgeglichen, und sie fressen so lange sie möchten. Dabei reguliert sich ihr Gewicht rasch von selbst, wie auf dem Foto gut zu erkennen ist.

»Wie schön ist es heute, in der Sonne zu dösen. Hier auf der Winterweide in Gesellschaft meiner Herde fühle ich mich sicher und wohl und bin rundum zufrieden. Alte Erinnerungen an Boxenhaltung und harte Ausbildungen können so verblassen, und mein Vertrauen in die Menschheit kann langsam aber sicher wachsen.«

# Wälzen

Nach getaner Arbeit ein Bad zur Entspannung, wer genießt das nicht? Nach einer Anstrengung, nachdem sie geschwitzt haben und besonders nachdem sie einen Sattel und einen Reiter getragen haben, lieben Pferde das Baden.

Wasser benutzen sie dazu allerdings selten, vorwiegend nur zur Abkühlung an heißen Tagen im Sommer. Meist wälzen sie sich auf weichen, lockeren, trockenen Böden, »baden« im Sand oder Lehm. Diese Fellpflege, die Massage und auch die Staubschicht, die beim Wälzen unter das Deckhaar gelangt, ist wichtig für die Fellgesundheit der Tiere. Die Massage stimuliert Meridiane und Energiezentren, und der Staub schützt vor Insekten, zu großer Kälte oder Hitze. Außerdem ist das Wälzen eine spielerische Gemeinschaftsbeschäftigung – beginnt ein Pferd der Herde damit, sich zu wälzen, tun es ihm häufig alle anderen nach.

Das Foto ist entstanden, als die gesamte Herde zum Saufen an der Wasserstelle auf dem Sandplatz eingetroffen ist. Nachdem die Pferde ausgiebig getrunken haben, wälzt sich ein Pferd nach dem anderen genüsslich im Sand. Study dreht sich von einer Seite auf die andere und passt dabei auf, dass er auch ja keine Stelle vergisst. Er erhebt sich und legt sich gleich wieder hin, um den ganzen Vorgang zu wiederholen – er genießt es sichtlich.

Das Wälzen ist auch für diejenigen Pferde, die noch in Ställen gehalten werden, eine wichtige gesundheitsfördernde Tätigkeit. Man braucht sie nur nach getaner Arbeit auf dem Reitplatz freizulassen, und sie werden sich dankbar und genüsslich im Sand wälzen und sich so erholen. Ein Hinweis für Pferdefreunde, die Wert auf ein glänzendes Fell ihrer Tiere legen: Das Fell gesunder, natürlich gehaltener Pferde glänzt trotz sandiger Staubschicht wunderbar! Tägliches Waschen hingegen, vor allem mit Seifen oder Shampoos, ruiniert das Fell und nimmt den Glanz! Unsere Pferde gehen sogar mit der Staubschicht zu Veranstaltungen, und niemand weiß, dass sie gerade von der Weide kommen, denn ihr gesundes Fell glänzt herrlich. Häufig ist die Natur, in Ruhe gelassen, einfach am schönsten – frei nach dem Motto »Weniger ist mehr!«

*»Solch schön lockeren Sand hatten wir den ganzen Tag nicht! Wie gut das tut!«*

# Wasser

Im Gegensatz zu den meisten frei lebenden Pferden gibt es viele Reitpferde, die wasserscheu sind. Das ist nicht verwunderlich, denn sie saufen ihr Wasser nicht mehr aus Seen, Flüssen oder Bächen, sondern kennen es oft nur aus sogenannten »Tassen« bzw. Selbsttränken – oder aus Schläuchen, die aussehen wie Schlangen und zischende Geräusche von sich geben …

Außerdem haben Pferde zwar mit den Augen, die Mutter Natur ihnen als Fluchttiere gegeben hat, ein Gesichtsfeld von fast 360°, aber sie können nicht genau erkennen, was gerade vor ihren Füßen geschieht. Deshalb wissen sie nicht, ob ein Fluss, ein Bach oder auch nur eine Pfütze nun tiefe Schluchten oder lediglich seichte Mulden sind: Ihre Augen erlauben ihnen die scharfe Tiefeneinstellung nicht. So erscheint ihnen jede Wasserlache als möglicher Abgrund …

Auf dem folgenden Foto sehen wir einige Pferde unserer Herde beim Badespaß. Es ist Hochsommer, August, und die Außentemperaturen betragen in der Mittagshitze bis zu 35 °C. Der See, in dem sie baden, ist eigentlich ihre Frischwasserversorgung … Aber was soll's! Neugierig wie Pferde sind, probieren sie die Tiefe des Sees erst mit einen »Zeh« und dann, langsam, aber sicher folgt Stück für Stück der ganze Pferdekörper. Pferde, die dem frischen Nass nicht trauen, werden vom Verhalten der mutigeren Herdengenossen ermuntert, es doch auch mal zu probieren. Und so befinden sich schließlich alle Pferde der Herde im See …

In der heißen Sonne stehen Pferde gern mit allen vier Beinen unbeweglich im kühlen Nass, um sich abzukühlen. Andere nehmen ein Schlammbad, das nicht nur vor Insektenstichen schützt, sondern auch das Jucken bereits vorhandener Stiche lindert. Auf dem Foto können wir auch sehen, dass Pferde am liebsten mit ihren Freunden zusammen baden, denn mit ihnen fühlen sie sich wohl und müssen nicht an ihren Platz in der Herdenhierarchie denken. Sie können einfach ausgelassen sein und Spaß haben.

»Oh, tut das gut! Hier könnten wir den ganzen Tag verbringen! An so heißen Tagen wie heute gibt's nichts Schöneres als ein richtig kühles Bad im See.«

109

# Die Bedeutung der Bewegung

## Neuankömmlinge

»*Wer bewegt wen?*« nennt sich das große Spiel des Lebens, das für die meisten Lebewesen dieser Erde gilt. Bei den Pferden können wir es ganz einfach beobachten. Meist ist es uns Menschen gar nicht bewusst, dass wir dieses Spiel auch regelmäßig spielen und unsere Dominanz damit entweder bestätigen oder verlieren. Allerdings weiß jeder Angestellte von sich selbst, dass er sich mehr bewegt, wenn der Chef in der Nähe ist, als wenn dieser außer Haus ist. Und wenn der Chef sich von seinen Angestellten den Kaffee bringen lässt, müssen sich diese für ihn bewegen, und damit bestätigt er seine Dominanz.

Auf dem nächsten Foto ist unsere Herde zu sehen, als sich Vida und Fiamma, die wir vorhin schon gesehen haben, gerade neu dazugesellen; die beiden Stuten haben zuvor nur zu zweit in einem Paddock gelebt. Sie laufen vorneweg und die ganze Herde hinterher. Aber läuft die Herde wirklich hinter den beiden Neuankömmlingen her? Der Schein trügt, wie er das meistens tut. Beim genaueren Betrachten fällt nämlich auf, dass die zwei Pferde direkt hinter Vida und Fiamma die beiden treiben. Dazu halten sie den Kopf tief, wölben den Hals und spannen die Rückenmuskeln an, sodass die Tiere imposant und mächtig wirken. Diese Haltung wird auch Imponiergehabe genannt. Dazu legen sie noch die Ohren an, was vor allem bei dem Braunen hinter den beiden neuen Stuten zu sehen ist.

Auf diese Art und Weise treibt eine Herde ein neues Pferd vor sich her, manchmal schnell, manchmal langsam, aber immer dominierend. Die Herde bewegt sich dabei wie ein einziger Körper, eine interessante Erscheinung bei Pferden im Allgemeinen – häufig ist nicht ersichtlich, wo ein Pferd aufhört und das andere beginnt. Im Gegensatz zu uns Menschen wissen sie instinktiv, dass Trennung zwischen Lebewesen nicht wirklich existiert. Wir lassen diese Trennung nur in unserem Kopf entstehen, dabei sind wir im Grunde alle eins. Die Pferde geben uns damit ein wichtiges Beispiel, sie sind sozusagen ein glänzendes Vorbild für ein sicheres und glückliches Leben in Kommunion mit der »Herde« …

Vida und Fiamma unterwerfen sich der Herde; sie demonstrieren ihren Respekt, indem sie sich von den anderen Pferden widerstandslos in jeder Geschwindigkeit und in jede Richtung treiben lassen. Mit dieser Einstellung werden sie sich einfach und natürlich in die bestehende Gemeinschaft integrieren und nach einigen Tagen auf sanfte Weise ihre natürliche Position in der Herde finden.

In eine schon bestehende Herde kommen manchmal dominante Tiere, die sich eben nicht widerspruchslos bewegen lassen; in ihrem Fall geht die Integration dann auch nicht so harmonisch vonstatten, und es wird viel Staub aufgewirbelt.

»Wir sind doch neu hier, wir kennen noch keinen, wir tun auch niemandem etwas, wir glauben euch jedes Wort, wir sind ganz unschuldig und bereit, alles zu tun, was ihr wollt.«

# Zwei Augen und zwei Ohren – »Willkommen!«

Die Herde hat Vida und Fiamma etwa eine halbe Stunde lang in allen Gangarten und in alle Richtungen bewegt. Dann hat sich die Situation beruhigt, und alle Pferde haben zu grasen begonnen. Allerdings haben die Herdenmitglieder einen Abstand von mindestens 50 m zu den Neuankömmlingen gehalten, ganz nach dem Motto: *»Ihr gehört nicht dazu!«*

Nun bewegt sich aber, wie auf dem folgenden Foto zu sehen ist, ein dominantes Herdenmitglied, die junge Stute Star, auf die beiden neuen Pferde zu. Star ist neugierig, offen und dominant. Ihr Körper mit dem gewölbten Hals und höchster Aufmerksamkeit strahlt Autorität und auch Sicherheit aus. Beide Ohren und beide Augen sind nach vorne und direkt auf die neuen Pferde gerichtet, genauer gesagt auf Vida, die dominantere der beiden Neuen.

Vida spiegelt Star, auch sie ist bis in die kleinste Pore ihres Seins angespannt, neugierig, aufmerksam und mutig – sie geht sogar einen Schritt auf die Stute zu. Allerdings ist sie auch unsicher und leicht nervös, die geöffneten Vorderbeine und überkreuzten Hinterbeine zeigen, dass sie bereit ist, sich in jedem Moment zurückzuziehen und zu fliehen.

Ihre Augen und Ohren sind voller Aufmerksamkeit auf Star gerichtet, die ihrerseits Vida beide Augen und Ohren »gibt«, womit sich die beiden gegenseitig ein großes Geschenk machen. Sie sind derart aneinander interessiert, dass eine Freundschaft entstehen könnte.

Sehen wir also in unserer Kommunikation mit Pferden zwei Augen und zwei Ohren, die auf uns gerichtet sind, so ist das ein wichtiger und wertvoller Moment, den wir nicht einfach übergehen sollten– es könnte sein, dass uns das Pferd willkommen heißt!

Fiamma dagegen hält sich im Schutz ihrer älteren Schwester Vida auf, die sie als ihr Leitpferd erwählt hat und der sie, was immer passieren mag, blind folgen wird. Deshalb ist sie viel entspannter, sie hat ja die Verantwortung an Vida abgegeben. Wenn jedes Pferd seine angeborene Position in der Herde findet – die Position, die auch seinen natürlichen Talenten entspricht –, dann lebt es ein glückliches und ausgeglichenes Leben. Diese gleiche Position kann es auch im Austausch mit echten PferdeMenschen finden, und unser Wunsch und Wirken ist es, dass Pferde und Menschen gemeinsam in Harmonie und auf natürliche Weise ihre angeborenen Talente leben – denn eigentlich ist es so einfach!

Zwei Augen und zwei Ohren – »Willkommen!«
»Wer seid ihr? Ich bin neugierig auf euch und auch offen,
euch kennenzulernen. Ich könnte darüber nachdenken,
euch als Herdenmitglieder und Freundinnen aufzunehmen,
denn ihr habt mir euren Respekt gezeigt. Aber macht jetzt
bloß keinen falschen Schritt, keine unpassende Bemerkung,
denn dann werde ich euch schon zeigen, wo euer Platz ist.«

Yin und Yang in der Herde
»Zeig mir erst mal, wer du bist und was du kannst, bevor ich mich für dich entscheide … Lass uns in Ruhe! Was denkst du denn, wer du bist? Meinst du vielleicht, wir wären an jemandem wie dir interessiert?«

# Yin und Yang in der Herde

Pferde leben in größeren Herdenverbänden, die wiederum in kleinere Gemeinschaften oder Familien unterteilt sind, die alle von einer Alphastute* (der dominanten Leitstute) und einem Alphahengst (dem dominanten Leithengst) angeführt werden. Dabei lebt jeweils ein Hengst mit einer bis fünf Stuten zusammen.

Wir haben in unserer Herde beobachtet, dass alle Wallache trotz der Kastration weiterhin so tun, als seien sie noch Hengste, sogar Stuten »decken« und sich »ihre« Familien zusammenstellen. Alles verläuft natürlich etwas ruhiger und gemäßigter, als es bei »echten« Hengsten der Fall wäre.

Auf dem vorigen Foto bekommen Vida und Fiamma erneut Besuch. Pablo kommt in der Hoffnung, die beiden neuen Stuten für sich gewinnen zu können, mit gutem Selbstbewusstsein und gesunder Dominanz auf sie zu. Aber es gibt da ein ungeschriebenes kosmisches Gesetz, das die sexuelle Interaktion zwischen Yin und Yang reguliert: »Bevor ich mich für dich entscheide, zeig mir erst mal, wer du bist und was du kannst …«, sagt die weibliche Komponente zur männlichen. Annäherung und Rückzug sind bei diesem Spiel altbekannte Taktiken.

Vida, die eigentlich erst einige Minuten früher der ganzen Herde unmissverständlich ihren Respekt gezeigt hat, wird nun keck und schickt diesen forschen Bewerber entschieden zurück »in die Wüste«: Mit zurückgelegten Ohren, drohendem Blick und erhobenem Vorderbein, bereit zu dessen massivem Einsatz, spielt sie ihre Phasen der Dominanz durch und sagt zu Pablo: *Lass uns in Ruhe! Was denkst du denn, wer du bist? Meinst du vielleicht, wir wären an jemandem wie dir interessiert?*« Jeder Junghengst muss sich seine Stuten zuerst erobern, jede weibliche Energie liebt es, erobert zu werden …

# Folgen

Pferde sind Herdentiere. Sie folgen gern. Diese einfache Aussage ist für uns meist schwer nachzuvollziehen, denn Menschen möchten selbst die Richtung bestimmen.

Pferde lieben es wirklich, zu folgen. Als kleine Fohlen sind sie einige Stunden nach der Geburt auf den Beinen und folgen der Mutter überallhin, sind sozusagen »angeklebt« an diese Quelle des Lebens, die sie beschützt, ernährt und erzieht. Später, als junge Pferde, folgen sie den Alphatieren instinktiv und ohne Widerspruch.

Ein Pferd, das folgt, kann die Verantwortung für sein Überleben an das Leittier abgeben. Es kann sich entspannen und dem Leben vertrauen. Auf dem nächsten Foto ist deutlich erkennbar, wie nah diese Pferdekörper aneinander sind, jeder folgt jedem, und alle folgen sie dem Alphatier.

Durch natürliche Kommunikation mit dem Pferd wird auch der Mensch zu dessen Alphatier, und das Pferd folgt ihm somit gern. Dies hat nichts mit Unterwerfung zu tun, sondern ist im Gegenteil ein Zeichen von Vertrauen und Respekt. So viele Probleme im Umgang mit Pferden könnten vermieden werden, wenn der Mensch sich zu einem natürlichen Leittier entwickeln würde.

Aufgrund ihres natürlichen Verhaltens ist es für viele Pferde schwierig, geritten zu werden und somit vorangehen zu müssen. Sie würden lieber einem Alphatier nachgehen, um sicher zu sein. Deshalb ist es so wichtig, dass sie uns als ihr Alphatier schätzen lernen und sich in unserer Gegenwart entspannen können, egal ob wir vor ihnen gehen oder auf ihrem Rücken sitzen.

»Lasst uns folgen, gemeinsam und vereint sind wir stark, lasst uns beisammenbleiben, vor allem zwischen diesen Büschen, aus denen im schlimmsten Fall ein Raubtier herausspringen könnte. Wenn wir beisammenbleiben und immer schön unserem Leittier folgen, wird uns nichts passieren. Wir folgen unserem Alphatier, es weiß sicher, wo es uns hinleitet, und wir gehen dahin, wohin es will. Es hat uns bisher immer sicher geleitet.«

# Natürliche Dominanz in Phasen

Als Herdentiere ist es Pferden lebenswichtig, die Hierarchie innerhalb der Gruppe zu festigen und sie täglich, stündlich, ja manchmal jede Minute infrage zu stellen, nur um die Sicherheit einer funktionierenden Herdenstruktur fühlen zu können.

Ein Pferd kann sich erst entspannen, wenn es seine Position in der Herde kennt, wenn es weiß, wer für die Sicherheit zuständig ist – denn ein hungriges Raubtier kann in jedem Moment aufkreuzen, und das wissen Pferde genau. Je höher ein Pferd in der Hierarchie steht, desto eher lebt es lange und glücklich, bekommt das bessere Futter und Wasser, die besseren Ausruh- und Schlafplätze etc.

Pferde festigen die Herdenhierarchie durch das große Spiel des Lebens: »*Wer bewegt wen?*« Das Pferd, das zuerst die Füße bewegt, ist das Unterlegene. Die dominanten Tiere bewegen sich äußerst wenig, können aber alle anderen bewegen. Dabei benutzen sie vier Phasen, um ihre Position in der Hierarchie zu festigen, zu ändern oder einfach zu testen. Sie können diese Phasen mit stetigem Druck oder durch rhythmischen Druck auf Distanz ausüben. Dabei hat jede Bewegung, auch die kleinste, eine große Bedeutung.

# Phasen mit stetigem Druck und Körperkontakt

**Phase 1:** *»Geh mir aus dem Weg, und komm mir nicht zu nah.«*

Die Ohren des Pferdes sind zurückgelegt, die Nüstern nach oben gezogen, das Maul ist angespannt, die Augen zeigen den »Schwiegermutterblick«.

**Phase 2:** *»Ich habe dir doch gesagt, du sollst dich bewegen, los, mach, dass du wegkommst.«*

Der kleine Araberwallach auf dem Foto drückt leicht gegen eine beliebige Stelle des Pferdekörpers, den er zu bewegen gedenkt.

»Geh mir aus dem Weg, und komm mir nicht zu nah.«

»Ich habe dir doch gesagt, du sollst dich bewegen, los, mach, dass du wegkommst.«

*»Jetzt verliere ich die Geduld. Beweg dich endlich!
Entweder du bewegst dich jetzt, oder ich tue dir sehr weh.«*

**Phase 3:** *»Jetzt verliere ich die Geduld. Beweg dich endlich!«*

Nun drückt er mit all seiner Kraft gegen den Körper des anderen Pferdes, dabei steigt er auch, um mehr Dominanz ausdrücken zu können.

124

**Phase 4:** »*Ich habe es dir schon dreimal gesagt! Das hast du dir selbst eingebrockt, jetzt beiße ich dich halt.*«

Der Wallach auf dem unteren Bild beißt in einen Muskel des anderen Pferdes und wird erst loslassen, wenn es sich bewegt hat. An diesem Punkt hat das unterlegene Tier nur die Wahl, schnell zu handeln oder Fell zu verlieren bzw. gegebenenfalls eine Wunde davonzutragen.

*»Ich habe es dir schon dreimal gesagt, das hast du dir selbst eingebrockt, jetzt beiße ich dich halt.«*

# Phasen auf Distanz und mit rhythmischem Druck

**Phase 1:** *»Geh mir aus dem Weg! Ich bin stärker und weiter oben in der Hierarchie als du!«*

Der Vollblutwallach auf dem Foto, selbst am unteren Ende der Herdenhierarchie, hat eine 30 Jahre alte Shetlandstute gefunden, die vor seiner Phase 1 weicht. Er legt die Ohren an und setzt den »Schwiegermutterblick« auf.

**Phase 2:** *»Lauf schneller! Ich bin groß und stark!«*

Er bewegt den Hals rhythmisch auf und ab, und durch diesen Rhythmus, der auch vom Schweif oder einem Hinterbein ausgehen könnte, verleiht er seiner Absicht größeres Gewicht. Phase 2 ist dann angebracht, wenn das zu dominierende Pferd sich noch nicht bewegt hat.

**Phase 3:** *»Sieh, wie stark und riesig ich bin, mach, dass du wegkommst, schau auf meinen Hals, ich werde dir noch schön imponieren, lauf, beweg dich!«*

Mit seinem ganzen Körper macht der Wallach auf dem Foto auf Seite 128 rhythmische Dominanzbewegungen, er ist überglücklich, endlich ein Pferd gefunden zu haben, das er dominieren kann. Diese dritte Phase kann auf die folgenden Weisen ausgedrückt werden: Maul öffnen und rhythmisch mit dem Hals schlagen, Hinterbein oder Vorderbein anheben und rhythmisch hin und her bewegen, rhythmisch steigen und buckeln.

**Phase 4:** *»Jetzt trete ich dich, lauf, nein, renn, nein, flieh vor mir, schneller, noch schneller!«*

Auf dem darauffolgenden Foto tritt das große Pferd nach dem kleinen Shetlandpony aus – wäre die Ponystute noch in Reichweite (hätte sie sich wirklich zu langsam bewegt), hätte sie einen starken Tritt abbekommen und würde spätestens jetzt dem massiven Druck des dominanteren Pferdes weichen. Phase 4 kann ein Biss, ein Tritt oder mehrere Bisse und Tritte bedeuten. Diese Phase lässt keine wirkliche Wahl: »*Entweder du bewegst dich von mir weg, oder ich kämpfe mit dir!*« Sobald sich das unterlegene Pferd bewegt und die von dem dominanten Pferd gewünschte Distanz einhält, kehren Ruhe und Frieden in die Herde ein. Pferde sind nicht nachtragend und kennen keinen Groll.

*»Geh mir aus dem Weg! Ich bin stärker und weiter oben in der Hierarchie als du! Lauf schneller! Ich bin groß und stark!«*

»Sieh, wie stark und riesig ich bin, mach, dass du wegkommst!«

»Du bist zu langsam, hier kriegst du eine!«

# Dominanzspiele

Hier sehen wir zwei »Hengste« in Aktion. Sie stellen sich entschlossen auf ihre Hinterbeine und gehen mit voller Kraft aufeinander los, mit drohenden Blicken und offenen Mäulern, bereit zum Zubeißen. Avalon, der Haflinger, ist der ältere und weisere der beiden Streithähne, und damit er aus der Ruhe gerät, muss schon sehr viel geschehen sein. Der junge Araber Dare Angel hat ihn sicher respektlos bis zur Weißglut gereizt, um eine solche Reaktion hervorzurufen.

Kochende Wut – das erscheint uns Menschen so, wir fühlen starke Emotionen, geben ihnen einen Namen und reden über sie. Für Avalon ist diese Emotion aber ganz anders, er ist ihr gegenüber eher neutral. Dare Angel reizt ihn so lange, bis er die natürlichen Grenzen überschritten hat, d.h., Avalons Position in der Herdenhierarchie ist infrage gestellt. Da wird es für den Haflinger ernst, er fühlt eine starke Energie in seinem Körper aufwallen, er beginnt, sich erst ein wenig und dann immer entschlossener zu bewegen und die Dominanzspiele anzuwenden. Dare Angel ist sozusagen ein »Teenager« und lässt die Auseinandersetzung gern geschehen, weil sie ihm Gelegenheit gibt, seinen Körper zu stärken, neue Taktiken und Bewegungen zu lernen und seine Grenzen in der Herde zu finden.

Avalon spielt alle Phasen der Dominanzspiele bis hin zur Phase 4 durch (*»Ich garantiere dir, du wirst dich bewegen und mir meine Position überlassen!«*), die wir auf dem Bild sehen. Dabei ist er aber nicht »wütend«, wie es für uns Menschen scheint, nein, er ist nur entschlossen und setzt die geballte Lebensenergie ein, die ihm zur Verfügung steht. Sobald Dare Angel ihm seine Position überlässt, d.h. seine Füße weit genug bewegt, um dem älteren Pferd den Respekt zu erweisen, der ihm gebührt, ist Avalon sofort wieder ein friedlich grasender, eher gemächlicher Weidengenosse.

Pferde erleben Emotionen, ohne über sie nachzudenken. Die Gefühle kommen und gehen, sie durchströmen die Pferdekörper, ohne Spuren zu hinterlassen. In einem Moment sind sie da und im nächsten Moment auch schon wieder weg. Daran könnten wir Menschen uns wirklich ein Beispiel nehmen – unser Leben wäre viel einfacher …

*»Beweg dich! Diesmal ist es ernst! Ich werde nicht zulassen, dass du meine Dominanz infrage stellst! Los, beweg dich aus meinem persönlichen Raum, mach schon!«*

# Hengste reden miteinander

Pferdesprache – obwohl sie ohne Worte gesprochen wird, obwohl auch wenige Laute zu hören sind – ist so ausdrucksvoll, so voller Nuancen und leicht verständlich für jeden Menschen, der genau hinschaut, der seine Gedanken und inneren Dialoge für einen Moment anhalten kann, um diese edlen Tiere bei ihrer feinen, klaren Kommunikation zu beobachten und von ihnen zu lernen. Solche Menschen wollen wir werden, um mit Pferden glücklich und erfolgreich zu sein.

Auf den beiden nächsten Fotos dürfen wir zwei dominanten »Hengsten« bei ihrem Zwiegespräch zuschauen. Wie schon gesagt, verhalten sich Wallache in unserer Herde so, als seien sie noch Hengste, und dies ist auch bei diesen beiden männlichen Pferden der Fall. Study, der Fuchswallach, ist zur Zeit dieser Aufnahmen Adoptivvater des kleinen Fohlens, und Escobar, der braune Araber, möchte ihn heute herausfordern und sehen, ob er ihm nicht eventuell die Familie wegschnappen könnte. Dabei kommt es zu einem subtilen Kräftemessen der beiden Pferde, das auf diesen Fotos leicht zu erkennen ist.

Escobar nähert sich Study mit angespannten Muskeln und imponierendem, stolzierendem Gang. Study fühlt sich sofort provoziert und geht forsch auf ihn zu. Die beiden berühren sich an den Nüstern zum traditionellen Gruß, von Kopf bis Schweif stehen sie aufmerksam »unter Strom«. Nach vorne gerichtete Ohren, gebogene »Schwanenhälse« und hoch getragene Schweife lassen dabei ahnen, wie viel Energie und Kraft in den beiden »Konkurrenten« steckt. Nebenbei bemerkt, ist auf diesen Aufnahmen das glänzende Fell (mit Staubschicht), die strahlende Gesundheit, und die Vitalität frei lebender Pferde besonders auffällig.

Kurz darauf zeigt Study seine Überlegenheit, indem er forsch mit einem Vorderbein auf den Boden stampft, bereit zu jedem Kampf, zu jeder Aktion, die seine Dominanz über Escobar festigen könnte, denn er wird seine Familie nicht hergeben. Escobar erkennt diese überlegene Entschlossenheit, er liest sie in Studys Blick, in seiner Schweifhaltung, in der Art, wie er sein Vorderbein (als Phase 3) ausfährt … und ist einverstanden: Er nimmt seinen Kopf leicht zur Seite, legt seine Ohren ein wenig zurück, was heißt, dass er Studys Dominanz, wenn auch ungern, anerkennt.

Bei der Betrachtung von Escobar, der nur widerwillig den Kopf zurückzieht und nicht dazu bereit ist, sich zu bewegen, fällt auf, dass er den Rücken rundet und die Hinterbeine blockiert, als würde sein Körper selbst zum Widerstand werden. Auf diese Weise beschließen die beiden »Hengste«, sich eigentlich nicht einig zu sein.

Die Herdenhierarchie ist wirklich immer in Bewegung, und die einzelnen Positionen hängen auch von der Tagesform der Pferde ab. Hengste haben den stärksten Ausdruck in ihrer Körpersprache; sie haben die meiste Kraft und auch die höchste Kampfbereitschaft. Untereinander können Hengste sehr forsch bis sogar gewalttätig erscheinen. Dabei tun auch sie nur, was Mutter Natur ihnen sagt: die Herde vor Eindringlingen beschützen und das Fortbestehen der Gattung zu sichern.

133

»O. K., für heute lasse ich mich von dir bewegen. Für heute bist du der Dominantere von uns beiden.«

»Aber ich bewege mich nur ganz wenig. Schau, meine Füße sind fast noch am selben Platz So viel dominanter bist du nun auch wieder nicht. Nimm dich in Acht, ich könnte dir deine Stute doch noch wegschnappen!«

# Komm mir nicht zu nah!

Wenn die Ohren des Pferdes zurückgelegt und die Nüstern nach oben gezogen sind, das Maul angespannt ist, die Augen diesen »drohenden« Ausdruck haben, ja sich das Maul sogar manchmal öffnet und die Zahnreihen preisgibt – dann können wir sicher sein, dass gleich etwas passieren wird, wenn wir nicht achtgeben …

Interessant hierbei ist, dass Pferde sich nicht wie Menschen (oder Raubtiere generell) verhalten, sie brauchen kein Revier, sondern schützen nur ihren persönlichen Raum und ihre Position in der Hierarchie. Pferde sind nicht aggressiv; sie beißen oder treten nie aus »böser« Absicht. Es liegt allerdings in ihrer Natur, sich die Möglichkeit zur Flucht zu bewahren, aus welchem Grund diese auch immer nötig sein mag. Ihre Überlebensstrategie ist die Flucht, und wenn diese nicht mehr möglich ist, werden Pferde sich bis aufs Letzte verteidigen.

Pferde sind klaustrophobisch veranlagt und mögen es nicht, in die Enge getrieben zu werden. In einer Herde hat jedes Pferd eine bestimmte Position, die es sich in Dominanzspielen erkämpft und verteidigt, denn sein Überleben hängt von dieser Position ab. Je tiefer es in der Rangordnung ist, umso eher wird es Opfer eines Raubtierüberfalls. Denn nicht umsonst heißt es, »den Letzten beißen die Hunde«. Ihre Position in der Herde ist Pferden deshalb überaus wichtig, und sie haben eine Körpersprache entwickelt, die diese Dominanz garantiert.

Manchmal mögen Pferde auch einfach nicht vom Raubtier Mensch angefasst werden. Denn die Berührung durch die »Pranken« kann sich grob, gefühllos, mechanisch, ja fast ekelhaft anfühlen. Dann kann es sein, dass die Pferde diese Abneigung gegen Berührung wie das Tier auf dem Foto

136

mit ihrer Körpersprache zum Ausdruck bringen: »*Fass mich nicht an! Das mag ich gar nicht. Komm mir nicht zu nah!*«

Es liegt an uns, unsere Berührung und auch unsere Einstellung zum Pferd zu verbessern, unser Herz in die Hand zu nehmen und das Pferd mit Liebe zu berühren.

*»Komm mir nicht zu nah! Noch einen Schritt weiter, und ich werde dich beißen oder treten. Du bist viel zu nah. Lass mich in Ruhe. Stör mich nicht. Das hier ist mein Futter, meine Herde, meine persönliche Zone. Such das Weite, mit dir will ich nichts zu tun haben!«*

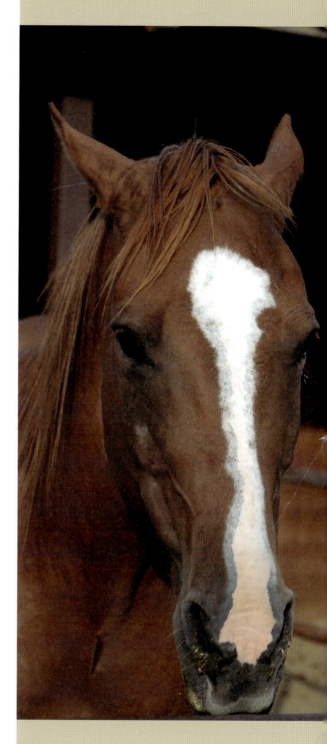

# Ich habe Hunger, verschwinde!

Gitano, der zweite »Hengst« unserer Herde, lässt auf den beiden nächsten Fotos keinen Zweifel bezüglich seiner Absichten aufkommen. Es ist Winter, die großen Heurundballen sind fast aufgefressen, und die Kälte macht hungrig. Er will sich dem letzten Heu in Ruhe widmen und dabei nicht gestört werden. Entschlossen und mit stark angelegten Ohren, tiefem Hals und drohender Körperhaltung geht er deshalb auf die Pferde um ihn herum »los«. Erst einmal nach rechts, dann nach links.

Da er eine recht hohe Position in der Herdenhierarchie einnimmt, lassen die anderen Pferde sich einfach bewegen. Sie machen ihm Platz, bleiben aber in der Nähe und warten darauf, dass er satt genug ist und hoffentlich noch etwas Heu für sie übrig bleibt. Die Mutigsten unter ihnen werden immer wieder versuchen, hier und da ein Maul voll Heu zu ergattern, mit dem Risiko, gleichzeitig einen Biss oder Tritt zu zu abzubekommen.

Diese Situation kommt in der Natur nicht vor, denn es gibt in diesem Sinne keine »Futterstellen« und keine hungrigen Pferde. Wildpferde fressen ganzjährig das Gras und die Pflanzen der Steppe, und in der kargen Jahreszeit gibt es für alle Herdenmitglieder weniger Nahrung, die sie sich aber nicht »wegschnappen« können. In dieser Konstellation nehmen Pferde ihren »Hunger« einfach hin, und es gibt deswegen keine Auseinandersetzung.

Pferde, die in der Menschenwelt leben, haben in dieser Hinsicht andere Dynamiken, und meist ist die Futterstelle der Platz, an dem sich Pferde gegenseitig verletzen, weil es dort nicht genügend Ausweichmöglichkeiten gibt. Logischerweise wird das dominantere Pferd immer zuerst fressen, und das Unterlegene wird deshalb leicht zu wenig Futter erhalten. Pferde werden sich um diese Vorteilsposition am Futterplatz »streiten«, und dieser Kampf führt zu Verletzungen.

Es ist für die Pferdehalter deshalb von großer Wichtigkeit, ausreichende Futterplätze und vor allem fast unbegrenzten Raum für eine Herdengemeinschaft zu schaffen. Unsere Herde mit 25 bis 30 Pferden bekommt im Winter alle vier bis fünf Tage sechs Heurundballen à 400 kg. Sie leben auf einer 10 ha großen Winterweide und teilen das Heu unter sich auf. Wirklicher Hunger entsteht nicht, denn dann könnte das natürliche Dominanzverhalten der Pferde untereinander eben in Aggression umschlagen.

»Weg, los, weg! Ich werde euch nicht an mein Heu heranlassen! Ich habe Hunger, bin stärker und will meine Ruhe beim Fressen. Los, sucht das Weite, und kommt bloß nicht wieder!«

# Wind in der Mähne

Pferde lieben Höhen, Weiten und offene Plätze, von denen sie die ganze Umgebung überblicken können. Die Stute auf diesem Foto befindet sich gerade auf dem höchsten Punkt des Hügels ihrer 17 ha großen Weide und genießt die Morgensonne.

Wenn wir Pferden die Wahl geben, dann suchen sie sich solche Plätze aus, die hoch oben liegen. Dort ist es am trockensten und sonnigsten. Besonders wenn es windig ist, lieben Pferde die Höhenlagen, denn weil jedes Gebüsch, jeder Baum und jeder Zweig im Winde knackt und quietscht und jedes Geräusch von einem Raubtier stammen könnte, möchten sie die Umgebung von einem sicheren Standort aus überblicken können.

Pferde lieben es, den Wind zu spüren, der ihre Mähne zerzaust. Sie selbst sind Wind »trinkende«, schnelle Läufer … Wer schon einmal im vollen Galopp auf ihrem Rücken »mitgeflogen« ist, weiß, wie viele Tränen einem dabei in die Augen schießen können. Der Wind erinnert sie an ihre eigene Kraft. An windigen Tagen spielen Pferde mit dieser Kraft; sie stellen sich ihr, sie lassen sich zerzausen und genießen die schnelle Bewegung. Das Bild der zerzausten Mähne im Wind ist ein leidenschaftliches Symbol für Freiheit – und diese Stute weiß diese Freiheit über alles zu schätzen.

»Ich spüre den Wind in der Mähne und vergewissere mich lieber aufmerksam, dass die Luft heute rein ist. Ich selbst bin eine Tochter des Windes und fliege gern mit ihm, wenn ich Lust dazu habe …«

# Teil II
# Asva und Nara – das Pferd und der Mensch

# Einführung

PferdeMenschen neigen dazu, stundenlang von ihren Lieblingen zu erzählen. Sie interpretieren, analysieren und beobachten jede Reaktion, jede Gemütsregung. Sie sind immer daran interessiert, mehr über ihre Pferde zu erfahren. Leider erzählen sie diese Geschichten meist aus der Sichtweise eines Menschen, ohne sich darüber im Klaren zu sein, dass die Erzählung auf diese Weise weniger als die halbe Wahrheit wiedergibt …

Wir kennen viele Menschen, die ihre Pferde aus tiefstem Herzen lieben. Sie würden wirklich alles für sie tun, wollen immer nur ihr Bestes – und sind dann frustriert, wenn ihre Liebe bei den Tieren nicht ankommt, es sich »ungezogen« verhält oder sogar gefährlich wird.

Was sagt das Pferd, was der Mensch? Warum verhalten sie sich so? Wie sieht ihre Beziehung aus? Dieser Teil des Buches macht die Kommunikation zwischen Pferd und Mensch sichtbar und vermittelt Wissen, dessen Anwendung die persönliche Beziehung zu Pferden umgehend verbessert.

Wir wünschen die beste und schönste Reise an der Seite dieser edelsten aller Geschöpfe …

# Das Erlernen der Pferdesprache

## Menschen treffen Pferde

Ein Prinzip in der Pferd-Mensch-Beziehung lautet: »Die Beziehung zwischen Pferden und Menschen ist natürlich.« Ja, Pferde haben ein Interesse daran, mit Menschen zusammen zu sein. Das Fluchttier Pferd und das Raubtier Mensch teilen eine jahrtausendealte Geschichte gegenseitiger Faszination – und das ist einzigartig.

Auf dem umseitigen Foto sehen wir eine friedlich grasende Pferdeherde und eine neugierige Menschen»herde«, die sich in einiger Entfernung gegenüberstehen. Eine wild lebende Pferdeherde würde so viele »Raubtiere« niemals auf diese kurze Distanz an sich heranlassen … die Pferde auf dem Foto aber kennen Menschen und haben eine gute Beziehung zu ihnen, lassen sich offensichtlich nicht beunruhigen und von deren Anwesenheit auch nicht stören.

Es scheint, als würden die Pferde die Menschen gar nicht wahrnehmen, aber dieser Schein trügt. Sie sind zwar gelassen und beschäftigt, haben aber alle »Antennen« in Richtung Menschen ausgefahren. Würden diese seltsame Bewegungen machen oder ungewohnte Laute von sich geben, dann würde die gesamte Herde sofort fliehen.

Die Tatsache, dass Pferde häufig auf einer Gefühlsebene kommunizieren, auf der wir Menschen eher unsensibel geworden sind, schafft viel Verwirrung bei uns und macht es leicht, Pferde misszuverstehen.

Deshalb steht die Menschen»herde« wartend oberhalb der Pferdeherde; es geht darum, die Wahrnehmung der Menschen von allen Bewegungen und Körperzeichen zu schärfen – seien es jene der Pferde oder ihre eigenen –, bevor sie den Pferden hautnah begegnen werden. Es braucht einen Moment der Stille, um unseren lauten inneren Dialog für eine kurze Zeit zum Schweigen zu bringen, und was bietet sich zum Finden der Stille besser an als die Betrachtung der puren Schönheit der Pferde?

Die Herde sagt: »*Wir lassen uns nicht von euch stören, heute ist ein guter Tag, und wir sind satt und glücklich. Aber lasst euch bloß nichts Seltsames einfallen, sonst sind wir weg!*«

Die Menschen sagen: »Wir wollen euch kennenlernen, euch anfassen, euch bewegen, etwas mit euch unternehmen und gemeinsame Zeit verbringen. Wir sind ungeduldig, wann geht es endlich los?« Pferde haben kein Zeitempfinden wie wir Menschen es kennen – sie leben einfach im Moment.

Gleich werden die Menschen die Pferde treffen, und sie werden dabei sehr aufmerksam sein. Sie werden als Schüler der Pferdesprache mit Respekt in die Herde hineingehen, die Bewegungen der Pferdekörper »lesen«, um zu verstehen, was sie ihnen kommunizieren. Sie werden die Pferde berühren, vielleicht sogar bewegen – und das alles ohne Halfter oder Führseile. Wenn sie nicht sehr aufmerksam sind, könnte es inmitten einer Pferdeherde, die aus etwa 20 Mitgliedern besteht, gefährlich für sie werden, denn das eine oder

148

andere Pferde könnte beginnen, mit Dominanzspielen zu testen, wer denn hier wohl das Alphatier ist. Es braucht Bewusstheit, um Pferdesprache zu erlernen, und der Aufenthalt in einer freien Pferdeherde ist eine wertvolle Unterrichtsstunde.

# Sich direkt begegnen

Auf dem nächsten Foto sehen wir die erste direkte Begegnung zwischen einem Pferd und einem Menschen. Sie haben sich langsam und respektvoll angenähert, langsam nicht im Sinne von schleichend, nein, langsam im Sinne von »sich gegenseitig Zeit gebend« für diese Begegnung in der freien Natur, inmitten der ganzen Herde. Beide, Pferd und Mensch, sind offen und bereit für die Begegnung.

Der Lusitano»hengst« Luzo, der schützend vor »seiner« Leitstute Cheera steht und ihr zudem Schatten und Schutz vor Fliegen bietet, gibt sich gelassen – und scheinbar unbeteiligt. Das ist ein sicheres Zeichen, dass er für eine Begegnung offen ist, denn sonst würde er entweder fliehen, sich langsam umdrehen und einfach gehen oder aber angreifen. Auch wenn er der jungen Dame keine offensichtliche Aufmerksamkeit schenkt, ist er ihr doch zugewandt und nimmt selbst mit diesem nach innen gerichteten Blick jede ihrer Bewegungen wahr. Er signalisiert: »*Du bist für mich keine Gefahr. Ich fühle deine gute Absicht, deine Unschuld. Komm ruhig näher. Du bist mir auch nicht besonders wichtig. Sei einfach, so wie ich, und wir werden uns prima verstehen!*«

Und die junge Dame ist unschuldig. Sie genießt das Zusammensein mit Pferden ohne Angst und mit Respekt. Sie liest ihre Körpersprache, ohne sie gelernt zu haben, denn sie ist mit der Natur verbunden, mit dem Teil in ihr, der sich daran erinnert, wie Lebewesen ohne Worte miteinander kommunizieren. Das ist so einfach, dass es schon fast schwierig ist, es zu lehren. Ihre Aufmerksamkeit konzentriert sich auf jede Bewegung – besser: jeden Millimeter Bewegung – von Luzo, sie ist offen und gleichzeitig wachsam. Ihr ist die Begegnung mit dem Leittier der Herde wichtig, sie möchte es gern kennenlernen.

Das ist ein sehr guter Anfang: Die Menschen wollen die Pferde treffen, etwas mit ihnen unternehmen, und den Pferden ist es erst einmal egal. Sie sind nicht dafür, aber auch nicht dagegen. Leider ist in der normalen Pferdewelt meist das Gegenteil der Fall – viele Pferde haben aufgrund schlechter Erfahrungen in der Vergangenheit schon etwas gegen eine bloße Begegnung.

Es liegt in der Verantwortung des Menschen, das erste Treffen mit einem Pferd zu einem Erfolg werden zu lassen, zu einem denkwürdigen Moment. Jedes Pferd freut sich über solche Begegnungen, und wir haben niemals die Gelegenheit für einen zweiten »ersten Eindruck«. Das sollte uns bewusst sein. Mit der ersten Begegnung vollziehen wir einen der wichtigsten Schritte hin zu einer Beziehung zu unserem Pferd. Alles Weitere baut darauf auf, wie im zwischenmenschlichen Leben!

Sich direkt begegnen
*»Kannst ruhig herkommen, hab keine Angst vor mir,
auch wenn ich groß und stark bin …«*

Natürliche Zeit
»Ich komme jetzt einfach ein wenig zu euch und verbringe
Zeit mit euch, ohne etwas zu tun – lasst uns einfach sein!«

# Natürliche Zeit

Zeit ist ein Schlüssel für eine erfolgreiche Beziehung mit Pferden. Wie viel Zeit verbringen wir mit unserem Pferd? Ist diese Zeit Qualitätszeit? Hat das Pferd auch Spaß daran, Zeit mit uns Menschen zu verbringen?

Claudio nimmt sich Zeit für seine kleine Herde, die aus ihm, seiner Stute und dem jungen Libertas besteht. Auf dem vorigen Foto besucht er sie in ihrem Paddock, nicht weil er irgendetwas mit den beiden vorhätte oder weil er sie verarzten, füttern oder pflegen will – nein, er will einfach mit ihnen zusammen sein. Jede gute Beziehung baut auf einer Menge guter Zeit auf, die schon zusammen verbracht wurde und während der sich alle Beteiligten gut gefühlt haben. Das ist auch bei der Beziehung zu Pferden nicht anders.

Claudio hat seiner Stute einfach so, ohne irgendeine Absicht, das Halfter und Führseil angezogen, als würde er ihr ein Kleidungsstück überstreifen. Das Fohlen bekommt die Gelegenheit, das Führseil auszuprobieren und sich damit vertraut zu machen, und außerdem lernt es, dass die Gegenwart des Menschen natürlich und ungefährlich ist. Die Stute merkt, dass »Halfter anziehen« nicht immer gleich »arbeiten« oder »Bewegung« bedeutet, sodass sich für die Zukunft vielleicht ihre Einstellung zu Halftern, die sie bisher als notwendiges Übel im Zusammensein mit Menschen kennt, verbessert.

Die drei Lebewesen auf dem Foto sind alle sehr konzentriert, sie sprechen ohne Worte miteinander. Die Stute, die sich ausruht, sagt: »*Bist du dir sicher, dass du heute nichts von mir willst? Kann ich wirklich einfach so hier stehen und deine Gegenwart vielleicht sogar genießen?*« Für sie ist diese Art des Zusammenseins noch neu, aber sie beginnt schon, sie zu mögen und gibt diese Erfahrung gleich an ihren Sohn weiter, der sich dadurch leichter zu einem freudvollen Partner des Menschen entwickeln wird.

# Vertrauen und Endorphine

Auf dem nächsten Bild lacht nicht nur die Reiterin, sondern auch ihr Lusitanowallach – zumindest sieht es so aus … Seine Ohren hängen locker zur Seite, seine Augen sind halb geschlossenen und haben einen etwas verdutzten Ausdruck. Trotzdem bleibt er während dieser »Prozedur« ruhig stehen, sie gefällt ihm sogar. *»Was immer du da mit deiner Hand unter meiner Oberlippe machst, es fühlt sich gut an, hmmm, ich werde richtig schläfrig dabei … das tut gut!«*

Der graue Lusitano lässt sich die Massage unter seiner Oberlippe gern gefallen, denn dort sitzen Meridiane (Energiebahnen) und Nervenpunkte, die die Produktion von Endorphinen anregen, natürlich im Körper vorkommenden Hormonen, auch Beruhigungsmittel genannt, die dem Körper das Signal geben, sich zu entspannen und sich wohlzufühlen.

Ist es also eine Massage mit Hintergedanken, die die Reiterin ihrem Pferd da gibt? Ja und nein, es könnte so sein, ist es in diesem Moment aber nicht. Denn diese Art der Massage ist z. B. eine optimale Vorbereitung auf den Zahnarzt, den Hufschmied oder den Tierarzt, weil sie das Pferd in einen entspannten und für das Tier angenehmen Gemütszustand versetzt. Die weit verbreitete Nasenbremse funktioniert nach dem gleichen Prinzip – sie schnürt die Oberlippe des Pferdes zusammen, sodass die Meridianpunkte stimuliert werden, die dann Endorphine freisetzen und das Pferd »lähmen«. Dies ist eine gewalttätige Vorgehensweise, die nicht nötig ist, wenn wir unser Pferd durch eine partnerschaftliche Beziehung und den Einsatz der richtigen Methoden auf das Leben in der Menschenwelt vorbereiten.

Auf dem nächsten Foto verbringt die Reiterin Zeit mit ihrem Pferd, während der sie es auch an anderen Stellen seines Körpers berührt, auch im

Maul, in den Nüstern, an der Zunge und sogar zwischen den Vorderbeinen. Manchmal mögen Pferde Berührungen an bestimmten Stellen ihres Körpers nicht, sei es, weil sie in der Vergangenheit schlechte Erfahrungen gemacht oder Schmerzen verspürt haben, sei es, weil sie noch niemals von einem Raubtier an diesen Stellen berührt wurden und ihnen das nötige Vertrauen fehlt. Deshalb ist es so wichtig, diese Stellen zu entdecken und zu »desensibilisieren«, d. h., den Pferden so viel Vertrauen zu geben, dass sie eine Partnerschaft akzeptieren ... denn kann man eine Beziehung als wahre Partnerschaft bezeichnen, wenn einer der beiden Partner immer einen Teil von sich zurückhält, ihn nicht preisgeben, nicht berühren lassen will? Wohl kaum ...

»Hmmm … das fühlt sich gut an, wie du mich da massierst!«

# PferdeKinder

Kinder lernen schnell, und es ist eigentlich nie zu früh, um mit einem anderen Lebewesen Kontakt aufzunehmen. Hier sehen wir die vierjährige Nell mit ihrem 28 Jahre alten Shetlandpony Luna. Beide sind unbefangen und natürlich im Umgang miteinander. Luna möchte die besten grünen Grashalme am Wegrand fressen, und Nell will für einen Spaziergang die kleine Wiese in ihren Sandalen überqueren.

Den Spaziergang können sie zusammen machen, denn Luna folgt Nell gern, wenn es dabei immer wieder etwas zu fressen gibt. Nell lernt auf diesem Spaziergang, mit dem langen Seil umzugehen und das Pony, das am Ende des Seils folgt, wahrzunehmen. Beide lernen, sich gegenseitig zu respektieren und wissen bald, wie die andere denkt und was sie mag.

Dieses spielerische, vielleicht sogar belanglos erscheinende Zusammensein ist in Wahrheit eine Goldgrube für schnelles Lernen, sei es für das Pferd oder für das Kind. Beide überwinden Grenzen, Vorstellungen und Ängste, und weil sie unbefangen, natürlich und ohne Anweisungen von außen an ihre Beziehung herangehen, genießen sie ihre Zeit. Kinder erfahren auf diese Weise, die Tiere zu ehren und gern zu haben.

Später werden sie sich in ihrer Gegenwart wohlfühlen und vielleicht sogar erfolgreiche Reiter werden. Es ist wichtig, Kinder nicht zu sehr zu drängen, zu beaufsichtigen und zu bevormunden. Ihr Potenzial und ihre Talente sind ihnen angeboren, wir brauchen ihnen bloß Situationen und Plätze zu schaffen, an denen sie diese ungestört und sicher entfalten können.

Natürlich bleiben wir dabei in ihrer Nähe. Aber eher am Rande … unauffällig. Und noch ein guter Tipp: Junge Pferde gehören in die Hände von erfahrenen Reitern und PferdeMenschen … und alte Pferde sind der beste Einstieg für unerfahrene PferdeMenschen!

*»Früh übt sich, wer ein Meister werden will!«*

# Schule –
# Wer unterrichtet wen?

Ja, hier auf diesem Foto ist wirklich schwer zu sagen, wer denn jetzt wen unterrichtet! Ist es Luca, der Nell die Pferdesprache beibringt? Oder ist es die kleine Nell, die Luna darin unterrichtet, wie das Leben mit kleinen Mädchen funktioniert? Oder ist es die weise Ponydame Luna, die Nell in die Kunst der Pferd-Mensch-Beziehung einführt? Oder ist es Nell, die Luca eine Lektion in Unbefangenheit, Präsenz und Natürlichkeit erteilt?

Die Ponystute genießt die gemeinsame Pause sichtbar, sie hat halb geschlossene Augen, und ihr Kopf und ihr Hals hängen entspannt hinunter. Es ist eine einfache Aufgabe für sie, zwischen zwei Tonnen (einem Engpass) vorwärts und rückwärts hindurchzugehen. Für Nell ist es aber eine kleine Herausforderung, Luna zu diesen Bewegungen zu überreden, und zwar in der Pferdesprache und unter Einsatz ihres kleinen roten Karottensteckens und des Führseils. Ein Karottenstecken ist ein orangefarbenes Stöckchen, das starr ist wie ein Stock, als Verlängerung unseres Armes dient und zur Kommunikation benötigt wird. Die orange Farbe hat der Stecken, um daran zu erinnern, dass er genau in der Mitte zwischen der Peitschen- und der Karottenmethode liegt – also im gerechten, natürlichen Zentrum.

Nell ist mächtig stolz darauf, es geschafft zu haben, und sie genießt die gemeinsame Pause, bei der sie Luna liebevoll mit dem Stecken die Stirn krault. Und Luca ist sichtlich zufrieden mit den Fortschritten seiner beiden »Schüler« bzw. »Lehrer«. Er hat während dieser gemeinsamen Zeit viel gelernt, sei es über Ponys oder über kleine Mädchen. Die Grenzen sind fließend, wenn Lebewesen miteinander kommunizieren und jeder von jedem lernt.

»Solange ihr mich respektiert und nicht zu viel von mir erwartet, bin ich gern mit euch beiden zusammen. Aber erinnert euch daran, dass ich ein hohes Alter habe und mir viele Pausen wünsche!«

# PferdeMenschen im Sattel

Viele Menschen und viele Pferde zusammen auf einem sandig-staubigen Reitplatz, alle Pferde nur mit Halfter und Seil um den Hals, die Reiter noch dazu mit langen »Zügeln« und ihren Händen auf dem Pferdehals aufliegend – das ist ein Anblick, den es (noch) nicht so häufig zu sehen gibt.

Der graue Lusitanowallach auf dem folgenden Foto ist nicht so ganz mit der Aufforderung seiner Reiterin einverstanden, sich nach links zu bewegen. Es kann daran liegen, dass sie am falschen Zügel zieht und das Pferd dadurch verwirrt, oder der Wallach möchte lieber bei seinem Kumpel bleiben und in die andere Richtung gehen …

Die Reiterin sitzt zum ersten Mal auf diese natürliche Art im Sattel. Viele Emotionen sind präsent, denn sobald sich der Mensch im Sattel nicht mehr an den Zügeln festhält, fehlt ihm die Kontrolle, und er wird sich mental und emotional seiner Verletzlichkeit bewusst, was wiederum Angst und Unsicherheit auslösen kann. Deshalb ist die auf dem Foto dargestellte Übung, das sogenannte Passagierreiten, auch so ungemein wichtig – sie lehrt den Reiter emotionale und mentale »Fitness« und Vertrauen in sein Pferd. Denn nur ein Pferd, zu dem wir eine gut funktionierende Beziehung haben, wird uns wahrnehmen, wenn wir auf seinem Rücken sitzen, ohne dass es ein Gebiss im Maul hat oder wir andere Kontrollinstrumente verwenden.

Es wird uns antworten und mit uns in Verbindung bleiben, und die gemeinsame Sprache, die wir am Boden erlernt und verfeinert haben, wird im Sattel auf die gleiche Weise funktionieren. Bei AsvaNara benutzen wir Gebisse erst, wenn wir die Zügel nicht mehr zum Anhalten des Pferdes brauchen. Denn Gebisse sind einfach keine Bremsen, sondern hoch verfeinerte Kommunikationsinstrumente, die mit jedem Fuß des Pferdes einzeln Kontakt aufnehmen können. Das Pferdemaul ist so sensibel, dass es vom Einsatz des Gebisses durch Gleichgewichtsprobleme oder emotionale Schwierigkeiten unsererseits keinen Schaden davontragen sollte.

Der Araberfuchs, der auf dem Foto mit gespitzten Ohren nach rechts schaut und dabei seinen Hals hoch trägt, sagt: »*Wo gehen wir denn jetzt gleich hin? Gibt es hier irgendwo Gefahren? Wollen wir fliehen? Oder lieber ein paar Freudensprünge machen?*« Sein Ausdruck verrät Neugierde, und er ist voller Energie. Im fehlt die Verbindung zu seiner Reiterin, die er eher wie ein Gepäckstück trägt.

Das kann passieren, wenn wir das erste Mal auf natürliche Art reiten: Das Pferd ist so erstaunt über die Tatsache, dass wir ihm freie Hand lassen, dass es sogar den Reiter auf seinem Rücken vergisst und anfängt, sich ganz frei zu bewegen, ja sogar die Führung zu übernehmen.

Beim Passagierreiten ist das erwünscht. Das Pferd merkt, dass es gar nicht so übel ist, uns auf seinem Rücken zu tragen, wie es bisher gedacht hat, denn wir lassen es in Ruhe eigene Entscheidungen treffen. Es wird nach einiger Zeit dieser Freiheit schnell müde werden und sich fragen, warum es denn überhaupt laufen soll. Das ist der Moment, in dem es sich an den Reiter auf dem Rücken erinnert und anbietet: »*Was soll denn das Ganze hier? Ich bin jetzt lang genug einfach im Kreis gelaufen! Willst du nicht wieder die Führung übernehmen?*«

Das ist der Moment, auf den der Mensch bei dieser Übung wartet. Gern übernimmt er die Führung, denn in der Zwischenzeit hat er auch an seinem ungewohnten Sitz im Sattel gearbeitet und erreicht nun auf indirekte Art, was er immer wollte: ein Pferd, das sich unter dem Reiter wohlfühlt und sich gern führen, also mit Leichtigkeit reiten lässt!

PferdeMenschen im Sattel
*»Zieh nicht so! Ich will nicht in diese Richtung gehen. Ich leiste dir jetzt Widerstand und mache, was ich will!«*

Anspannung
»Zieh nicht so stark an meinem Kopf! Ich sage dir, lass es sein! Frag mich nicht nach Dingen, die ich dir nicht geben kann. Ich fühle doch deine Angst und deine Anspannung! Wie soll ich dir vertrauen? Du weißt doch selbst nicht, wo es langgeht und was gut für uns beide ist! Lass mich los, und zeig mir den Weg!«

# Anspannung

Der Hals der großen Selle-Français-Stute auf dem vorigen Bild ist verspannt und stemmt sich gegen den Druck, der von den harten Händen der Reiterin ausgeht. Das ganze Pferd ist von der Nase bis zum Schweif verspannt, fest im Rücken und steif in den Beinen. Diese Spannung spiegelt sich auch im Rücken der Reiterin deutlich wider, ebenso in ihrer leicht nach vorn gebeugten Haltung, ihrem Hohlkreuz und den Armen, die die Zügel fest halten und nach hinten ziehen.

Beide Lebewesen auf diesem Foto fühlen sich unsicher und sind ängstlich. Das Pferd als Fluchttier hat eine Urangst vor Raubtieren und vor allem, was ihm passieren könnte, die Stute ist sehr sensibel und leicht nervös. Von Menschen hat sie bisher viel Schmerz erfahren, sei es bei der Aufzucht, sei es beim Einreiten. Ihr sensibles Maul kennt den Geschmack von Metall und harte Hände. Sie hat einfach Angst, dass es gleich wieder wehtun könnte und sie am Ende doch gefressen wird.

Die Reiterin, die ihre Stute sehr gern hat und wirklich bereit ist, alles für dieses sensible Wesen zu tun, die ihr niemals bewusst wehtun würde, hat ihrerseits auch Angst vor einem Unfall und Schmerzen, denn die Panikreaktionen des großen Pferdes sind gefährlich. Sie könnte im hohen Bogen abgeworfen werden oder die Kontrolle über ein durchgehendes Pferd verlieren – alles Dinge, die schon einmal geschehen sind. Und hier reitet sie dieses Pferd zum ersten Mal in ihrer gemeinsamen Geschichte ohne Gebiss … natürlich ist sie unsicher und angespannt.

Die beiden werden diese Anspannung aber nicht beim Reiten verlieren, denn ihnen fehlt Vertrauen zueinander. Sie werden noch viel an ihrer Beziehung arbeiten müssen – und zwar vom Boden aus –, sich auf die andere vorbereiten und Dinge miteinander tun, die sie auf natürlichem Weg zueinander führen und ihre Beziehung stärken. Dann werden sie dieses Vertrauen in den Sattel übertragen und Schritt für Schritt mehr aneinander glauben. Eine der beiden wird zuerst die Anspannung verlieren, denn je mehr das Vertrauen wächst, desto größer wird die Entspannung.

Es ist dabei unbedeutend, wer zuerst ruhiger und gelassener wird, wichtig ist nur, dass es von der einen auf die andere überspringen wird und sie so eine Chance bekommen, eine glückliche Zeit miteinander zu verbringen. Dabei hat die Reiterin natürlich mehr Möglichkeiten, ihre Anspannung loszuwerden und ihrer Stute dabei zu helfen, ihr zu vertrauen. So werden sich bei beiden die Rücken, Hälse und Gemüter entspannen ...

# Geh aus meinem Raum!

Dies ist es, was der Araberfuchs Shiva zu Patrizia sagt. An dem tief gehaltenen Kopf, dem versammelten, runden Hals, in dem alle Muskeln angespannt sind, und dem erhobenen Schweif … ja, und ganz unmissverständlich an dem erhobenen, austretenden Hinterbein ist ersichtlich, dass Shiva mit Patrizia gerade eine Phase 3 der Dominanzspiele »spielt«. Lustigerweise spiegeln sich Pferd und Frau, mit dem Unterschied, dass Patrizia ihren Arm statt ihr Bein anhebt.

Beide sind in einem schwierigen Moment von der Kamera erwischt worden, denn beide sind frustriert und entnervt damit beschäftigt, sich zu verstehen. In jeder echten Beziehung gibt es auch mal Missverständnisse! Der Unterschied ist, dass es in der Pferd-Mensch-Beziehung dann sehr gefährlich werden kann und eine Menge Staub aufgewirbelt wird. Deshalb ist es so wichtig, dem vorzubeugen und sich in Situationen, wie sie auf dem Foto zu sehen sind, am besten gar nicht zu begeben.

Das ist leichter gesagt als getan, vor allem am Anfang, wenn der Mensch beschlossen hat, die Pferdesprache zu erlernen und das Pferd häufig gar nichts versteht, weil der Mensch die neuen Vokabeln noch nicht richtig »aussprechen« kann. In den meisten Fällen sind Pferde allerdings geduldige Lehrmeister und geben uns viele, sogar sehr viele Möglichkeiten, Fehler zu machen, und zeigen Geduld und Nachsicht. Nur manchmal »platzt ihnen der Kragen«. Es wäre besser, darauf hinzuarbeiten, die Pferdesprache erst einmal so gut zu verstehen, dass wir merken, wann dieser Moment gekommen ist – damit wir dann mit dem aufhören, was wir gerade tun, tief durchatmen und von Neuem beginnen.

Das ist auch der Rat, den wir Patrizia geben würden – und zudem wäre es hilfreich, wenn sie die Mundwinkel zu einem Lächeln verziehen, ein Liedchen vor sich hin trällern und sich und dieses ganze Lernen gar nicht so ernst nehmen würde. Was soll es, nur wer Fehler macht, kann auch was Neues lernen! Also, unser Tipp, wenn mal einige Übungen mit dem Pferd nicht funktionieren: erst einmal tief durchatmen, lächeln und pfeifen … und dann neu beginnen.

*»He, geh aus meinem Raum! Du treibst mich an und willst mich bewegen, das mag ich gar nicht! Außerdem verstehe ich nicht, was du eigentlich von mir willst. Komm mir nicht so nah! Ich warne dich, gleich trete ich nach dir!«*

# Versuch's mal!

Auf diesem Foto fragt die PferdeFrau ihre große braune Stute, ob sie genug Vertrauen und Respekt hat, um über das Hindernis im Gras zu springen. Die Stute antwortet mit verwirrtem Blick und Ohren, die einerseits fragend auf Patrizia und anderseits zur Seite gerichtet sind, wo sie die Situation und Umgebung zu erfassen versuchen: »*Oje, was geschieht gerade in meinem Leben? Was will sie denn jetzt? Ist das gefährlich? Kann ich das wohl schaffen? Ich würde ihrer Aufforderung ja gern nachkommen, aber … geht das wirklich?*«

Ja, es geht! Verwirrt und ängstlich, mit der Befürchtung, bald das Gleichgewicht zu verlieren, was wir an dem nach hinten ausgestreckten Schweif erkennen können, der als Gegenruder dienen soll, gibt sich die Stute alle Mühe – und springt. Sie wusste gar nicht, dass sie das kann. Ihr großer Körper hat noch nicht genügend Kontrolle darüber, sich auszubalancieren; wahrscheinlich ist sie noch nie von selbst gesprungen.

Vielen Reitpferden, ja sogar Springpferden, macht das Springen Angst. Sie beherrschen ihren Körper nicht wirklich. Oft ist ihnen leider nicht die Gelegenheit gegeben worden, ohne Reiter, mit Gelassenheit und ohne Druck zu springen. Sie werden mit Sattel und Reiter auf dem Rücken und »fest eingeschnürt« über die Hindernisse »gejagt«, die sie aufgrund der Funktionsweise ihrer seitlich am Kopf liegenden Augen aus dieser Position gar nicht richtig erkennen können. Falls sie vor dem Absprung zögern, setzt der Reiter sogenannte »Hilfen« ein, d.h. seine Beine und die Gerte. So bekommen Pferde Angst vor dieser Aktivität, die sie dann aus der rechten Gehirnhälfte heraus funktionierend, also praktisch ohne darüber nachzudenken, verrichten.

170

Dabei können Pferde richtig Spaß am Springen haben! Diesen Spaß können wir ihnen ermöglichen, wenn wir ihnen – wie auf dem Foto – die Gelegenheit geben, Hindernisse zu erforschen, das Springen auszuprobieren und Vertrauen in ihre angeborenen Talente zu entwickeln.

»Komm, versuch es einmal! Es ist einfacher, als du denkst!«

# Zuhören

Auf dem nächsten Bild sehen wir Anna und Giada bei einer wichtigen Aktivität zum Aufbau der gemeinsamen Beziehung, dem *Zuhören*, dem *Sich-Treffen*, was in der Akademie AsvaNara als Übung auch »Nachahmen & Spiegeln« genannt wird.

Giada, die braune Stute, hat einen ähnlichen Ausdruck in ihrem Pferdegesicht wie Anna in ihrem Menschengesicht. Ihr Blick ist weich, der Kopf leicht gesenkt, der lange Hals ihrer Anna zugewandt, und ihre Augen drücken Neugierde aus, Interesse, ja, könnten wir sagen, ein Lächeln? Ihre Körpersprache zeigt Offenheit und Vertrauen, denn jedes Mal wenn ein Pferd den Hals so weit dreht, wie sie es gerade tut, begibt es sich in eine verletzliche Position, in der ihm ein Raubtier sehr gefährlich werden und es sogar zu Boden werfen könnte. Giada zeigt Anna also deutlich, dass sie ihr vertraut, dass sie davon überzeugt ist, in ihrer Gegenwart sicher zu sein.

Sie will bei Anna sein, sonst würde sie nicht so offen und mit »gespitzten«, aufmerksamen Ohren auf ihre Besitzerin zugehen, schon gar nicht, wenn diese ein Halfter und ein Führseil in ihrer Hand hält … Giada sagt: »*Ich habe Vertrauen zu dir, ich mag dich, ich freue mich auf unsere gemeinsame Zeit, ich bin sogar bereit, mir das Halfter anziehen zu lassen, damit wir gemeinsam etwas unternehmen können.*«

Wie wundervoll wäre es, wenn alle Pferde so auf ihre Menschen zugehen würden! Wir bei AsvaNara sind überzeugt davon, dass sie es gern täten, denn Pferde lieben es, zu gefallen und zu geben. Das Problem ist, dass wir Menschen ihnen meistens nicht die Gelegenheit dazu bieten, sich mit uns wohlzufühlen, dass wir es ihnen sogar schwer machen, uns zu mögen, dass wir ihre Versuche, uns zu gefallen und ihre Sache gut zu machen, einfach übersehen – weil wir immer nur mit uns und unseren Gedanken be-

172

schäftigt sind, mit unseren Vorstellungen, was wir heute erreichen wollen, damit, wie es gestern war und dass wir heute wenig Zeit haben etc. …

Deshalb haben wir eine Übung entwickelt, die für jeden PferdeMenschen einen großen Unterschied in der Beziehung zu seinem Pferd ausmachen kann – und zwar sofort. Die Übung ist dazu noch so einfach, ja fast banal, dass sie wirklich ausnahmslos jeder anwenden kann: »Nachahmen & Spiegeln« funktioniert so: Wir treffen unser Pferd zunächst in einem ausreichend großen Raum, einem Paddock oder einem Reitplatz, wo es frei laufen kann. In einer Box kann diese Übung auch ausgeführt werden, mit dem kleinen Nachteil, dass das Pferd nicht wirklich frei ist, weil es von vier Wänden eingeschlossen ist …

Der nächste Teil der Übung ist: *Nichts tun!* Wir bleiben bei unserem Pferd, am besten mit leeren Händen, wenn es geht auf der Höhe des Widerristes, und tun gar nichts, machen uns so leer wie möglich von all unseren Sorgen und Bedenken, atmen ruhig und entspannen uns und unsere Muskeln. Das Pferd darf sich nun frei ausdrücken, es kann sein, dass es einfach bei uns stehen bleibt, dass es sich von uns abwendet, dass es uns sogar sein Hinterteil zeigt oder in eine andere Ecke des Raumes geht. Egal was es macht, alles ist willkommen und richtig, wir müssen bei dieser ganzen Übung nichts erwarten und nichts wollen, einfach sein – und natürlich auf unsere Sicherheit achtgeben, uns früh genug aus dem Staub machen, falls das Pferd uns treten oder beißen sollte. Das kommt zum Glück nur sehr selten vor, aber wenn unser Pferd ein solches Verhalten zeigen sollte, dann hören wir mit der Übung sofort auf, denn es kommuniziert uns gerade unmissverständlich, dass es in unserer Beziehung größere Probleme gibt, die wir vielleicht ohne professionelle Hilfe nicht lösen können.

In allen anderen Fällen warten wir ab, bis das Pferd so weit ist, unsere Gegenwart auf der Höhe seines Widerristes gern anzunehmen, und beginnen dann, das Pferd zu imitieren. Wir spiegeln bewusst seine Körperhaltung, indem unsere Arme die Haltung seiner Vorderbeine imitieren (ohne dass wir uns dabei in den Vierfüßlerstand begeben müssen) und unsere Beine die Haltung der Hinterbeine. Wir halten Kopf und Hals und auch den Rücken wie unser Pferd. Wir atmen wie unser Pferd, werden zu seinem Spiegelbild und achten dann auf alle Gefühle, die wir in unserem

Körper spüren. Auch alle Gedanken sind willkommen und auch alle dummen Sprüche unserer Freunde, die uns in dieser Haltung erwischen. Denn wir machen gerade etwas sehr Wertvolles: Wir stimmen uns auf unser Pferd ein, geben ihm Platz in unserem inneren Raum, um mit ihm zu »schwingen«, um ihm und seinen Gefühlen und seinem Körper zuzuhören. Unser Pferd wird uns diese kleine Aufmerksamkeit, unser Bemühen, mit ihm in Kontakt zu treten, sofort danken. Es wird vielleicht im ersten Moment staunen, weil das so neu ist, aber dann wird es sich freuen und seine Meinung über uns sicher noch einmal überdenken, ja, uns vielleicht recht bald sein Vertrauen schenken … oder, wie hier auf dem Foto, sein Herz!

»Hallo, wie geht es dir? Wie fühlst du dich? Ich freue mich, dich zu sehen!«

# Sich annehmen

Auf diesem Foto ist selbst der Gesichtsausdruck der beiden »Frauen« ähnlich, so sehr spiegeln sie sich. Ihr Blick hat denselben fragenden Ausdruck, und Giada scheint zu sagen: *»Ich verstehe nicht so genau, was du von mir willst, aber ich bin gern bei dir!«* Und Annas konzentrierter Blick sagt das Gleiche aus: *»Ich weiß auch nicht so genau, wie ich dir erklären soll, was ich möchte, ich bin verwirrt und verstehe nur die Hälfte, aber ich bin auch gern bei dir und werde alles tun, damit es klappt!«*

Die Stute kommt vorsichtig schnüffelnd auf Anna zu, tritt in deren persönlichen Raum ein, erinnert sich aber daran, dass es zum guten Ton gehört, vorher »anzuklopfen«. Das ist ein Zeichen für Respekt – und wo Respekt ist, entsteht meistens auch Vertrauen. Für die beiden Lebewesen ist dies ein Moment, in dem sie sich gegenseitig genau so annehmen, wie sie wirklich sind: verwirrt, fragend und mit einem offenen Herzen füreinander, mit diesem Begehren, miteinander auszukommen, auf der Suche nach Verstehen und Austausch. Es ist ein Moment der Wahrheit, ein Öffnen der Tür zueinander. So einfach dieser Moment auch aussieht, so groß und besonders ist er, denn ein wirkliches, wahres Beisammensein von Pferd und Mensch wird immer rarer.

Anna gibt ihrer fragenden, sie selbst spiegelnden Stute Freiraum, auf sie zuzukommen, sie lässt ihr Führseil lang, zieht nicht an ihrem Kopf, um Giada dazu zu bringen, zu tun, was sie will … Nein, sie gibt der Stute die Freiheit zu wählen und bringt ihr damit Vertrauen und Respekt entgegen. Beide spiegeln einander diese Qualitäten und errichten damit ein wichtiges Fundament, auf dem sie eine wahre Beziehung aufbauen können.

Anna wartet ab, was sich entwickeln wird, gibt ihrer Stute Raum, sich auszudrücken, und ist dabei ehrlich, wenn es um ihre Gefühle geht, weil sie sie offen zeigt. Die Stute nimmt das Angebot gern wahr und gewinnt durch Annas Verhalten Mut, sie selbst zu sein.

Dieses Foto ist ein Geschenk, es macht das Unsichtbare sichtbar – wenn wir nur Augen haben, die mit dem Herzen verbunden sind …

*»Was sollen wir eigentlich machen? Hast du eine Ahnung, wie das geht, was sie uns gerade gezeigt haben?«*

# Spiegelbilder

»Spieglein, Spieglein an der Wand …« Hier sehen wir das schwarz-weiß gescheckte Pony Trilli, geritten von Angela. Beide sind unzufrieden, angespannt und widerspenstig, und es könnte der Verdacht entstehen, dass sie nicht miteinander harmonieren und ihre Beziehung nicht gut funktioniert.

Das stimmt auf der Ebene der eher oberflächlichen Betrachtung. Trilli ist voller Widerstand, was an ihrem harten Hals, dem Kopfschütteln und dem hin und her schwingenden Schweif erkennbar ist. Widerwillig folgt sie dem Zug von Angelas rechter Hand und zieht ebenso stark am Seilchen wie das Mädchen. Unwillig schüttelt sie den Kopf, weil Angela ihren Karottenstecken erhebt, um den Druck zu verstärken, als wollte sie dem Pony sagen: *»So, nun geh los, mach endlich, was ich will!«*

Ist es nicht wunderbar, bei näherem Betrachten festzustellen, dass Trilli nichts anderes tut, als Angela zu spiegeln und Angela Trillis Widerstand genau zurückwirft? Die beiden verhalten sich nicht gegensätzlich, sie sind in diesem Moment eins in ihrem Widerstand, ihrer Unzufriedenheit mit der Welt, dem Leben und der Situation. Es ist Teil der Faszination beim Zusammensein mit Pferden, dass sie genaue Spiegelbilder unseres Selbst sind, sobald wir mit ihnen wirklichen Kontakt aufnehmen.

»Ich mag nicht nach rechts gehen, ich mag mich nicht einmal bewegen, ich finde heute alles ziemlich doof.«

# Respekt

Respekt ist ein anderes Zauberwort in der Beziehung zwischen Mensch und Pferd. Pferde leben in einer Herdenhierarchie und respektieren ihre jeweilige Position. Sie vertrauen dem Leittier, das sie von allen in der Herde lebenden Pferden am meisten achten. Diesem Leittier, sei es ein Leithengst oder eine Leitstute, bringen sie so viel Respekt entgegen, dass es sie nur anzuschauen braucht und sie ihm oder ihr Platz machen, das beste Gras und den ersten Platz am Wasser überlassen.

In der Beziehung zu unserem Pferd wollen wir uns zu solch einem Leittier entwickeln. Auf dem Foto »spielt« Edwin mit Dare Angel, dem jungen Araberwallach, der durch seine früheren Erfahrungen mit Menschen viel Respekt vor ihnen verloren hatte. Er rannte Menschen einfach um, wenn sie ihm im Weg standen, zerrte am Halfter und an der Führleine und biss gern zu, wann immer er einen Ärmel zu fassen bekam.

Edwin sprach dann ein ernstes Wort mit ihm wegen seiner respektlosen Meinung über die Menschheit. Nun – es ist nicht Dare Angels Fehler, dass er Menschen nicht mehr ernst nahm; er ist einfach ein quicklebendiges, intelligentes und spielfreudiges Pferd, das sich in engen Boxen und bei strengen Regeln langweilte. Da er keine anderen Pferde zum Austoben zur Verfügung hatte, ließ er seine überschüssige Energie an Menschen aus – am Stallpersonal, seiner in Pferdesprache unerfahrenen Besitzerin und einigen Tierärzten. Von ihnen lernte er schnell, dass er sie bewegen konnte, d. h., er schaffte es, sie nach seiner Pfeife tanzen zu lassen. In der Pferdesprache bedeutet das: *»Diese Menschen sind mir unterlegen ...«*

Er probierte seine Macht an allen Menschen aus, die er traf – und »gewann« immer wieder. So entwickelte er sich zu einem Pferd, das als »problematisch im Umgang« bezeichnet wurde. Bis er Edwin traf. Auf diesem Foto ist klar erkennbar, wer wen bewegt. Edwin hält das Ende des Führseils locker in der Hand, er bewegt seine Füße nicht, und Dare Angel springt über ein Hindernis, trabt dann um Edwin herum, springt noch einmal, wechselt die Richtung und geht einige Schritte seitwärts.

Diese Art der Bodenarbeit hilft, eine Beziehung zum Pferd aufzubauen, die auf Respekt und Vertrauen basiert. Da Dare Angel seine Meinung über die Menschen ändern musste, brauchte er ein menschliches Leittier. Der einfachste Weg, ein Alphatier zu werden, ist durch Bewegung: Je mehr Edwin Dare Angels Bewegungen kontrollieren kann, desto mehr Respekt entwickelt der junge Wallach für die Führungsposition eines Menschen. Sprünge, Hügel, Gräben und andere Hindernisse sind eine gute Hilfestellung – und je weniger Respekt ein Pferd hat, desto mehr Bewegung ist erforderlich …

*»Bitte spring für mich über dieses Hindernis, bitte zeig mir deinen Respekt und dein Vertrauen.«*

# Anerkennung und Lob

Eigentlich ist dieses Foto etwas für Menschen, die den Zirkus lieben … aber der braune Wallach Burri nimmt es gelassen. Er steht mit Sattel und Reiter rückwärts im Pferdehänger, hat dabei die Augen halb geschlossenen und hält den Kopf entspannt, er macht einen fast schläfrigen Eindruck – wir sehen auf diesem Bild ein Pferd in einer außergewöhnlichen Situation, aber voller Vertrauen zu seinem Reiter.

Burri scheint zu sagen: »*Mach doch, was dir Spaß macht, solange du mir dabei nicht wehtust, mir viele Pausen gönnst und auch sonst gut zu mir bist, mache ich gern mit. Mir ist es doch egal, ob du zeigen willst, wie gut du bist. Für mich ist es nur wichtig, dass wir beide zusammen ein gutes Leben haben. Und das habe ich mit dir, ob im Hänger oder sonst wo!*« Sein Reiter ist dabei mächtig stolz auf ihn, und das gefällt Burri.

Ja, auch Pferden gefällt Anerkennung und Lob – je mehr sie davon erhalten, umso schneller lernen sie, Dinge zu tun, die uns gefallen, denn es scheint ihnen so, als hätten sie uns dazu erzogen, sie zu loben. Sie bieten uns etwas an, von dem sie wissen, dass es uns gefällt, wie z. B. rückwärts in den Hänger gehen, und wir sind dann glücklich, lächeln und gönnen ihnen lange Pausen. Das gefällt ihnen sehr, und deshalb machen sie es dann gleich noch einmal!

Der Hänger oder andere Hindernisse sind meistens nicht das wirkliche Problem für Pferde. Als Fluchttiere sind sie von Natur aus recht klaustrophobische Wesen. Enge Räume könnten fatal für sie werden, sobald ihr Fluchtweg eingeschränkt ist. Aber sobald sie ihrem Reiter, ihrem Partner, vertrauen und ihn respektieren, fühlen sie sich so wohl in seiner Gegenwart, dass auch enge Räume kein Problem mehr darstellen, weil es die Notwendigkeit der Flucht nicht mehr gibt. So wird auch klar, warum wir immer an der Verbesserung der Kommunikation und der Beziehungen des Pferdes zum Menschen arbeiten müssen, wenn wir wollen, dass unser Pferd problemlos in den Hänger, auf den Waschplatz, in die Startbox usw. geht … und das sogar rückwärts und mit uns auf seinem Rücken!

»Wenn du willst, kann ich natürlich rückwärts im Hänger stehen …«

# Wer bewegt wen?

Auf diesem Bild bittet Ariane Study, seine Vorhand von ihr wegzubewegen. Sie benutzt dabei rhythmischen Druck, ohne ihn zu berühren. Ihre Bitte »spricht« sie durch den Bauchnabel, der Studys Nase von ihr »wegdrückt«, und durch die erhobenen Arme, die seinen Hals und die Schulter »bewegen«. Study ist konzentriert, »hört« und schaut ihr mit allen Sinnen aufmerksam zu, was wir an seinen Ohren, die leicht in ihre Richtung zurückgelegt sind, und an seinem konzentrierten Blick erkennen können.

Er lauscht ihrer Frage und antwortet gleich darauf: »O. K., ich bewege meine Vorhand gern für dich, sag mir doch, wie weit, wie schnell und wann ich wieder stehen bleiben darf.« Ariane freut sich sehr über seine Bereitschaft, auf ihre Frage sofort mit einem »Ja« zu antworten, und lässt ihn nur für einige Schritte die Vorderbeine überkreuzen, um ihn dann mit einem sanften Streicheln an der Schulter zu belohnen. Übrigens: Pferde mögen es gar nicht, wenn man sie mit Klapsen, wie beim »Auf-die-Schulter-Klopfen«, belohnen will. Es fühlt sich für sie eher an wie eine Strafe. Sie lieben dagegen das sanfte, rhythmische Streicheln einer mitfühlenden Hand, die der warmen, liebevollen Zunge ihrer Mutter gleicht, die sie ableckte, als sie noch ein Fohlen waren.

Warum will Ariane Studys Vorhand bewegen? Nun, jede Bewegung hat für das Pferd eine große Bedeutung. Wenn Pferde die Vorhand in einem Kreis von uns wegbewegen, teilen sie dadurch mit, dass sie uns als Alphatier akzeptieren und uns überallhin folgen werden. Diese so einfache Bewegung ist also gar nicht so harmlos wie sie scheint! Pferdesprache ist Körpersprache, und in jeder Bewegung versteckt sich ein vollständiger Satz oder sogar ein ganzer Text.

Pferde brauchen viel Vertrauen in und Respekt vor uns, um diese Bewegung auszuführen. »*Wer bewegt wen?*« ist eine ernsthafte Frage in der Pferdewelt, die über die Position eines Pferdes in der Herde und damit über seine Überlebenschance entscheidet. Diese Frage ist ein Schlüssel zu Vertrauen und Respekt in der Beziehung zu unserem Partner Pferd.

*»Würdest du dich bitte bewegen, und zwar so, dass sich deine Vorderbeine überkreuzen und deine Hinterbeine so bleiben?«*

# Bin ich nicht gut?

Dies sind die Gedanken von Fiorinda und ihrem Paintwallach Totò, auf den sie sehr stolz ist. Ja, Totò ist gut! Es wäre jetzt so leicht für Fiorinda, diesen Moment zu übersehen und einfach mit ihren Vorhaben weiterzumachen. Das passiert häufig, denn wir Menschen haben ein Programm im Kopf, ein Trainingsprogramm, ein Fitnessprogramm, einen Plan, ein Ziel und eine Idee, wie der Weg zum Erreichen dieses Ziels auszusehen hat – und sind so darauf konzentriert, dass wir die wirklich wichtigen Momente, die uns geschenkt werden, übersehen.

Fiorinda könnte im Kopf haben, dass sie Totò heute zehnmal über den Baumstamm springen lässt, damit er seine Rückenmuskeln stärkt und seine Kondition verbessert. Sie würde sich dann sicher nicht damit zufrieden geben, dass ihr Pferd nur ein Vorderbein auf den Baumstamm stellt, sondern es sogar noch deswegen schimpfen, ihm zu verstehen geben: *»Was du mir hier bietest, ist lange nicht gut genug, los, spring endlich, stell dich nicht so an!«*, und Totò würde vielleicht sogar springen, aber mit einem bitteren Geschmack im Maul und ohne große Freude.

Auf diese Art und Weise würde sich ihre Beziehung langsam aber sicher verschlechtern, bis Totò keine Lust mehr hätte, mit Fiorinda Zeit zu verbringen, und versuchen würde, sich auf seine Pferdeart dafür zu rächen, dass sie ihn und sein Wesen gar nicht wahrnimmt: durch passive Resistenz (*»Ich springe nicht!«*) oder durch Weglaufen, Buckeln, einfach Stehen bleiben, in eine andere Richtung Schauen, Gehen oder Ähnliches.

Zum Glück kennt Fiorinda die Pferdesprache und bemerkt das Bedürfnis ihres Pferdes nach Lob und einer Pause … und so entwickelt sich zwischen den beiden eine wahre gemeinschaftliche Partnerbeziehung, die langsam aber sicher stärker wird als jedes Führseil. Je mehr wir unser Pferd für die kleinen Fortschritte belohnen, umso größer wird seine Lust sein, mit uns Zeit zu verbringen. Dieses Prinzip funktioniert übrigens auch bei allen anderen Lebewesen. Und wenn unser Pferd Lust hat, bei uns zu sein, dann werden sich auf allen Ebenen hervorragende Resultate zeigen …

»Schau mal, was ich schon alles kann! Ich schaffe es sogar, meinen Vorderhuf auf diesen dicken Baumstamm zu stellen! Bin ich nicht gut?«

»Ich bin stolz auf dich, du bist echt ein toller Kerl, es ist klasse, mit dir zusammen Spaß zu haben!«

# Pferde und
# Menschen am See

Verschiedene Perspektiven zu einem Sommernachmittag. Die Klasse »Beziehung« der Akademie AsvaNara befindet sich »im Ausgang«. Welch ungewöhnlicher und netter Anblick, Pferden und Menschen beim Spielen zuzusehen! Sie verbringen Zeit am Boden miteinander, haben die Grundlagen der Pferdesprache erlernt und wenden sie an: Sie fragen die Pferde, ob sie ins Wasser gehen, an ihrer Seite laufen, Gras fressen oder um sie herumlaufen könnten, und die Pferde antworten meist begeistert mit: »*Ja, ich kann!*«, oder zumindest mit »*Ich versuche es!*« Woran wir das erkennen können? Schauen wir uns dieses Bild doch einfach mal genau an, es ist alles dort zu sehen, in dem Raum ohne Worte, diesem Moment der bewussten Gegenwart …

Übrigens ist ein tiefer See für Pferde eine gute Möglichkeit, ihre angeborene Platzangst zu überwinden, denn Wasser »liegt eng am Körper an«, es umschließt ihn. Wenn ein Pferd auf die Frage eines Menschen hin mit »*Ja, ich schwimme gern für dich!*« antwortet, dann ist das ein sicheres Zeichen dafür, dass sich ihre Beziehung sehr erfolgreich entwickelt hat!

> Großer Brauner: »*Mal schauen, ob dieses Wasser ungefährlich ist …
> der Geruch und Geschmack sind schon mal O. K. Wie tief wird es wohl
> sein? Oh, schau, ich kann drin stehen. Es ist sauber und klar. Das könnte
> sogar Spaß machen!*«

> Araberfuchs: »*Wow, bist du mutig! Lass mal sehen … weißt du, ich
> mag Wasser nicht so gern, wo ich herkomme, ist es recht trocken, und
> diese Nässe macht mich ganz nervös … ich halte lieber gesunden Abstand!*«

> Die zugehörigen zwei PferdeFrauen: »Mal schauen, ob er heute
> ins Wasser geht. Ich frage ihn mal … und warte dann, was er dazu
> meint.« – »He, das ist ja klasse! Ach, wie schön ist es doch, mit unseren Pferden diesen Moment erleben zu dürfen!«

# Kommunikationsfluss zwischen Asva und Nara

## Einvernehmen und Zusammengehörigkeit

Welcher PferdeMensch träumt nicht davon, einfach »ohne alles«, also in völliger Freiheit und Einheit mit seinem Pferd, dem Sonnenuntergang entgegenzugaloppieren, um dann anzuhalten und denselben zu genießen?

Dieser Traum kann Wirklichkeit werden. Es handelt sich dabei nicht um Magie, sondern ganz einfach um das systematische Aufbauen einer natürlichen Beziehung zu einem Pferd, die sich jedes Mal, wenn wir zusammen Zeit verbringen, vertieft. Weil wir es sind, die diesen Traum haben, sind wir auch für die nötigen Schritte zu seiner Verwirklichung verantwortlich – und müssen zuerst einmal die Pferdesprache erlernen.

In der normalen Reiterei erwarten die Menschen ausnahmslos, dass die Pferde die Menschensprache »erlernen«. Alles dreht sich um Pferdeausbildung, Pferdeentwicklung, Pferdezucht. Die Pferde sollen sich dem Menschen so weit anpassen, dass sie ein Sportgerät werden, das bei Bedarf Hochleistungen erbringt und den Rest der Zeit »im Schrank«, also in der Box, steht. Dieser Anspruch endet offensichtlich fast immer in Frustration, Unfällen oder dem kontinuierlichen Auswechseln des »Sportgeräts« Pferd, damit dann beim nächsten wieder dieselben Fehler gemacht werden.

*»Bitte bring mich ans andere Ende der Weide …«*

Damit sich der umseitig genannte Traum auf gesunde Weise erfüllen kann, ist eine mentale Umkehrung der Betrachtung der Welt notwendig. Menschen werden zu Studenten der Pferdesprache, und die Pferde sind die Lehrmeister. Wenn die Menschen die Sprache anwenden können, beginnen sie ein Gespräch mit diesem edlen Lebewesen, und Schritt für Schritt entwickelt sich eine Beziehung, die über Hindernisse, Missverständnisse und Krisen hinweg wächst und sich zu einer glücklichen, harmonischen Verbindung entwickeln kann. Ihre Beziehung vertieft sich, und beide Lebewesen sind vereint, sie haben die Grenzen, die zwischen zwei Spezies bestehen, überschritten.

Dabei ist dieser gemeinsame Weg einfach und natürlich zu begehen; es gibt Methoden und Systeme, die die Pferdesprache mit hundertprozentigem Erfolg lehren! Unsere Akademie AsvaNara hat sich dieser Mission verschrieben: allen Pferdeliebhabern auf der Welt den Zugang zu diesem Wissen zu ermöglichen.

Auf dem vorigen Foto sehen wir Study und Ariane in einen gemeinsamen Moment auf der Weide. In einer Mittagspause treffen sie zusammen einen Freund, der mit der Kamera auf sie wartet und auch dieses Foto gemacht hat. Sie könnten auch galoppieren, aber dafür ist es viel zu heiß – damit warten sie lieber bis zum Sonnenuntergang …

Das Alphatier ist ein Mensch
*»Los, lasst uns gehen!! Unser Leader hat eine neue Richtung eingeschlagen, und es scheint, als hätte er einen Plan ... bloß nicht zu weit zurückbleiben, wir könnten ja was verpassen ...«*

# Das Alphatier ist ein Mensch

Auf dem Foto auf Seite 193 folgt die ganze Herde ihrem Alphatier. Unglaublicherweise ist dieses ein Mensch! Viele PferdeMenschen halten es nicht für möglich, sich so weit in ein Pferd zu verwandeln, dass sie als Leittier akzeptiert werden. Es ist möglich! Wir brauchen dabei nur zu lernen, wie Pferde zu denken, und wir müssen anfangen, die Welt aus ihrer Perspektive zu betrachten.

Wie wir im ersten Teil des Buches gelernt haben, folgen Pferde gern, sie lieben es, die Verantwortung für ihr Überleben ihrem Leittier übertragen zu können. Dieses Leittier ist immer ein natürlicher Leader, jemand, der vorangeht, sich am meisten einsetzt, die beeindruckendste Weisheit besitzt, viel Lebenserfahrung hat, in jeder Situation ruhig bleibt, alle Probleme löst, immer eine Antwort hat und alle Lebewesen in seiner Umgebung durch seine Ausstrahlung und Kompetenz überzeugt.

Zu genau so einem PferdeMenschen wollen wir uns entwickeln, dann werden die Pferde von selbst folgen. Die magische Verwandlung zu einem natürlichen Leader geschieht während des Erlernens der Pferdesprache … diese weisen, edlen Geschöpfe bringen uns zurück zu unserem Ursprung, sie erinnern uns an die Naturgesetze, die wir nur vorübergehend vergessen haben. Beim intensiven, natürlichen Zusammensein mit Pferden bringen wir auch die alte Liebe zum Vorschein, die uns mit allen Lebewesen verbindet. Und welches Geschöpf mag nicht jemandem folgen, der es gern hat?

Auf dem Foto bringt Edwin die Pferde zur Wasserstelle. Sie wissen, dass er ihnen etwas Gutes bescheren wird. Sie akzeptieren ihn als ihren Leader und folgen ihm nur zu gern, denn ihr Leben ist in seiner Gegenwart in Sicherheit.

Würde jedes Pferd Edwin folgen? Nicht sofort, dazu müsste es ihn erst kennenlernen und eine Beziehung zu ihm aufbauen. Aber dann sicher, es würde gar nicht lange dauern. Die beste Nachricht ist: Jeder Mensch kann ein solcher Leader werden!

# Gelassenheit unter Menschen

Dieses Foto sagt mehr als tausend Worte. Studenten der Akademie Asva-Nara nehmen an einer Theorielektion teil, sitzen dazu auf den Zäunen der großen Paddocks, in denen sich ihre Pferde während der Kurspausen aufhalten – und die zierliche Araberstute hält dabei ein Nickerchen.

Wie viel Vertrauen hat diese Stute in die Menschheit? Enorm viel, denn sonst würde sie niemals so entspannt in Gegenwart einer ganzen Raubtierherde schlafen. Die Pferdehaltung, mit viel Platz und Freiraum, Luft und Licht und vielen Berührungsmöglichkeiten ist eine wichtige Voraussetzung für eine natürliche und erfolgreiche Beziehung zum Tier.

Solche Gegebenheiten bieten Menschen und Pferden wertvolle Erfahrungen, die sie einander näherbringen, denn so haben sie die Möglichkeit, wirklich zusammenzuleben und sich nicht nur stundenweise zum Sport oder in der Freizeit zu treffen. Wie schon gesagt, gemeinsam verbrachte Zeit ist einer der Schlüssel zum Erfolg mit Pferden, und diese Zeit sollte schön sein … wie hier! Was gibt es Schöneres für ein Pferd, als entspannt und satt in der Sonne zu dösen? Die kleine Stute scheint zu sagen: »*Mein Leben ist wirklich gut im Moment. Wie gut, dass all diese Menschen bereit sind, meine Sprache zu lernen; ich bemerke, dass ich ihnen wirklich wichtig bin, und das macht mich glücklich.*«

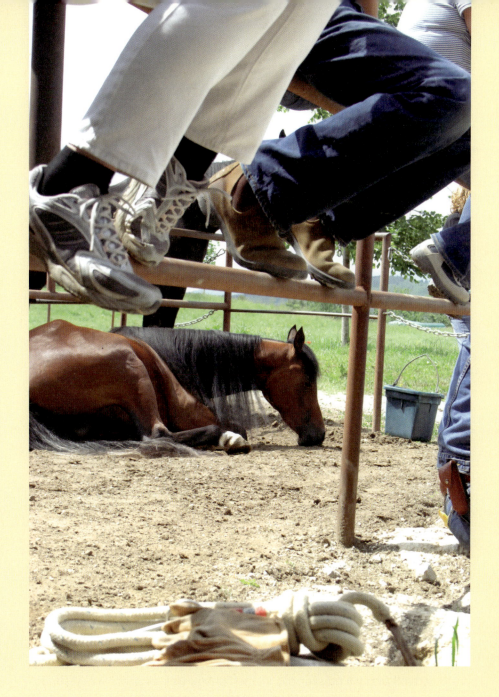

»Mir geht's richtig gut, ich habe gefrühstückt, und jetzt mache ich erst mal ein Nickerchen, während mein Mensch im Unterricht sitzt und die Pferdesprache lernt …«

# Frühes Lernen

Dieses Fohlen schaut Edwin interessiert beim Hufe-Raspeln zu. Das kleine Stutfohlen ist etwa drei Monate alt und folgt seiner Mutter überallhin, so auch zur Hufpflege. Die Kleine darf dabei frei herumlaufen, sich alles anschauen, alles beschnuppern, den Geschmack von allem testen und Gegenstände bewegen. Wie im ersten Teil schon ausführlicher erläutert, lernen Fohlen durch Imitation. Je mehr Erfahrung sie in den ersten Lebensmonaten sammeln können, desto besser, vor allem wenn es sich um positive Erfahrungen handelt.

Die Kleine schaut aus sicherer Entfernung zu; der Bauch ihrer Mutter schützt sie. Ihre Neugierde ist aber größer als die Vorsicht, und sie nähert sich dem interessanten Ding, das die Hufe der Mutter bearbeitet, immer weiter an. Sie lernt dabei viele Dinge auf einmal:

- In der Gegenwart der Menschen ist es sicher.
- Meine Neugierde ist willkommen.
- Ich bin frei und kann wählen, wie und wohin ich mich bewege.
- Meine Mutter gibt ihre Hufe dem Menschen in die Hand, und es scheint ihr nichts auszumachen.
- Hufe werden mit langen Instrumenten geraspelt, und meine Mutter bleibt dabei ruhig stehen.
- Mit Menschen zusammenzuleben ist ganz normal.

Später, wenn die Zeit gekommen ist, ihre kleinen Hufe zum ersten Mal zu raspeln, wird sie ganz einfach ihre Mutter imitieren. Diese Lektionen sind wertvoll und wichtig für das kleine Fohlen, weil es damit ein gesundes Fundament für sein Leben in der Menschenwelt aufbaut – ein Leben in Einverständnis und Freude.

»Was machst du denn da? Was soll dieses Werkzeug
am Huf meiner Mama? Tut das nicht weh?«

# Ja sagen

Es ist etwas geschehen in unserer normalen Welt, etwas Seltsames: Wir verbringen Zeit miteinander und haben keine Freude daran. Wir leben in Beziehungen mit Menschen und Lebewesen, die wir gar nicht so richtig mögen. Wir beklagen uns über all unsere Missstände und reden lange darüber, wie schlecht es uns geht und wie falsch doch all die anderen um uns herum sind. Würden sie sich bloß ändern, dann ginge es uns so viel besser!

So geschieht es auch in der Pferdewelt. Viele Pferdebesitzer beklagen sich stundenlang über die Fehler ihrer Vierbeiner … da gibt es Pferde, die gemein, gefährlich, zu dumm, zu schnell, zu langsam, zu hart oder zu ungehorsam sind, und wenn es ganz schlimm wird, dann wechseln die Menschen die Tiere eben aus. Mit dem neuen Pferd geht es ein wenig besser, aber leider nur für kurze Zeit. Schnell treten die gleichen Probleme, die es mit dem vorigen Pferd gab, wieder auf. Und natürlich ist wieder das Pferd daran schuld.

Auf der anderen Seite beklagen sich auch die Pferde über ihre Reiter, aber weil sie dies ohne Worte tun, hören die Menschen nicht so genau hin. Pferde sagen, ihr Reiter sei gemein, gefährlich, unsensibel, langsam, dumm, und sie sagen häufig »Nein!« zu den Vorschlägen ihres Menschen: »Nein, *ich gehe nicht in den Waschplatz/den Hänger/die Pfütze/diesen Weg entlang/ über jenes Hindernis – und berühre mich bloß nicht an den Ohren …«*

Wäre es nicht schön, wenn wir aufhören könnten, in solch einer Welt zu leben und unsere kostbare Zeit mit Dingen verbringen würden, die uns Spaß machen, uns erfüllen und alle Beteiligten glücklich und gesund machen?

Fangen wir mit den Pferden an! Wenn es Probleme gibt, dann schauen wir zuerst einmal in den Spiegel und fragen uns, was wir zu dem Problem beigetragen haben und was wohl seine Lösung sein könnte. Dann betrachten wir dieses wundervolle edle Geschöpf, unser Pferd, vielleicht mit viel liebevolleren Augen und sehen all die Bereitschaft, die Wärme und Neugierde, die es uns entgegenbringt. Vielleicht nehmen wir uns dann Zeit, seine Welt und seine Sprache kennenzulernen, es zu verstehen und ihm das Leben zu bieten, das es verdient. Wie durch Magie wird sich dann unsere Beziehung zu diesem Wesen verbessern, im gleichen Maße wie unser Vertrauen und unser Respekt wachsen und sich unsere Beziehung zu uns selbst verbessert. Auf einmal sagen wir »Ja!« zueinander!

Auf dem nächsten Foto sehen wir Edwin und Barney, die Ja zueinander und zum Leben sagen. Die beiden genießen es ...

»Solange du bei mir bist, ist alles O. K. Ich fühle mich wohl und sicher bei dir. Ob Plastikplane, Hänger oder andere Herausforderungen ... in deiner Gegenwart habe ich keine Angst. Auch, weil ich weiß, dass du immer das Beste für mich willst und mich nicht überforderst.«

# Im selben Rhythmus

Pferde sind Geschöpfe des Rhythmus. Ihr Schritt ist ein Vierertakt, der Trab ein Zweiertakt und der Galopp ein Dreiertakt. Auf Phasen der Bewegung folgen Ruhephasen, auf ein Einatmen folgt ein Ausatmen. Ihre Bewegungen sind Musik für die Augen, so rhythmisch und harmonisch laufen sie ab.

Menschen haben häufig den Rhythmus des Lebens verlernt. Sie arbeiten bis spät in die Nacht oder sitzen mit hyperaktivem Gehirn vor Computern oder Fernsehern. Morgens sind sie dann unausgeschlafen und träge, und wer es sich erlauben kann, schläft lange. Menschen ruhen sich meist im Sommer aus, dann, wenn die Lebensenergie am höchsten ist, und verausgaben sich in den Wintermonaten, während die Natur sich zurückzieht und ausruht. Viele Menschen haben sogar das Rhythmusgefühl der Musik und des Tanzens verloren.

Das Zusammensein mit Pferden bringt uns zurück in den Ur-Rhythmus des Seins. Auf den folgenden Fotos spielt Ariane mit Study in Freiheit. Ihre Bewegungen vereinen sich zu einem Tanz, mal im Zweier-, mal im Dreier- und mal im Vierertakt. Ihre Beziehung ist an einem Punkt, an dem sie auf die feineren Nuancen der Körpersprache achten, ihre »Phasen« von Kommunikation sind für Neulinge der Pferdesprache kaum ersichtlich, für den Fortgeschrittenen aber sehr gut zu sehen.

Ariane befindet sich auf der Höhe von Studys Widerrist, auf der Höhe der Sattellage, und »steuert« Study vom Boden aus. Die beiden diskutieren nicht mehr über die Gangart oder die Richtung, in die sie zusammen gehen wollen, sie sind sich schon einig, dass sie zusammengehören. Study respektiert Ariane als sein Leittier, und sie respektiert ihn als ein Pferd, das ihr gestattet, seine Sprache zu erlernen und das ihr Lehrmeister in Dingen Rhythmus ist. Die beiden bereiten sich gerade auf einen Ausritt vor, und Study erzählt Ariane, wie es ihm heute körperlich, mental und emotional geht.

Seine Einstellung zu ihr ist freundschaftlich, und sie lässt sich einfach von seinem Rhythmus leiten, geht mit den Bewegungen und in die Richtungen, die er ihr anbietet. Die beiden sind neugierig aufeinander und haben Lust, Zeit miteinander zu verbringen. Es ist, als wären ihre Herzen durch ein unsichtbares Band verbunden, der ihre Bewegungen so harmonisiert, dass sie sich plötzlich im gleichen Rhythmus befinden.

Diese Harmonie werden sie vom Boden auch in den Sattel übertragen. Dabei ist ihre Beziehung, so speziell und persönlich sie auch scheint, wirklich kein Einzelfall, und jeder natürliche und offene Mensch kann diesen Rhythmus mit einem Pferd erleben.

»Wir bewegen uns im Rhythmus, in Harmonie …
Wie schön, mit dir im Einklang zu sein!«

# Verbindung

Mensch und Pferd sind hier durch ein unsichtbares Band verbunden – das Band der Freundschaft. Sie haben viel Zeit miteinander verbracht und sich gut kennengelernt, und es ist leicht zu erkennen, dass sie etwas Besonderes verbindet, nicht nur viel gemeinsame Zeit … nein, es muss »Qualitätszeit« sein, in der sie einander sehr nahegekommen sind!

Der Quarterhorsewallach Goldie »klebt« förmlich an seinem Partner Edwin. Er ist aufmerksam, entspannt und auch mit der Welt hinter ihm verbunden, was die leicht nach hinten gerichteten Ohren zeigen. Auch Edwin ist völlig auf sein Pferd konzentriert, und seine Hand berührt Goldies Nüstern zur zarten Begrüßung. Er drängt seine Hand nicht auf, er bietet sie nur an, und Goldie kann wählen – *»Nehme ich sie oder nicht?«* Gern nimmt er sie, er fühlt sich sicher bei Edwin, denn er weiß: *»Hier kann ich mich ruhig gehen lassen, denn kein Raubtier wird mir in seiner Gegenwart etwas tun.«*

Edwin läuft langsam rückwärts, nimmt damit jeden »Druck« aus seiner Bewegung und gibt Goldie Raum. Pferde »funktionieren andersherum«: Wenn wir sie wegschicken, kommen sie zu uns zurück. Wenn wir sie an uns binden wollen und festhalten, dann versuchen sie, uns loszuwerden, entweder durch Zurückziehen oder anderes von uns im jeweiligen Moment unerwünschtes Verhalten …

Goldie und Edwin »spielen am Boden in Freiheit«. Sie haben eine große Arena (70 x 70 m) zur Verfügung, in der sie sich frei bewegen können; keine Führseile, Lassos oder Ähnliches verbinden die beiden. Wenn Goldie es will, verlässt er seinen Partner, um kurz darauf zu ihm zurückzukehren. Kein Führseil der Welt wird je so stark sein wie eine solch solide Beziehung in Freiheit.

Ein Pferd, das uns freiwillig folgt, das bei uns sein will – welcher Pferde-Mensch hat nicht schon einen solchen Traum gehegt?! Es ist eigentlich recht einfach, auf diese Weise mit Pferden zusammen zu sein, wir brauchen dazu »nur« ihr Herz zu erobern und mit ihnen in ihrer Sprache zu sprechen.

*»Komm, tanz mit mir, ich fühle die Energie zwischen dir und mir. Wie durch ein unsichtbares Band verbunden, bewegen wir uns in Harmonie.«*

# Einfach sein und nichts erwarten

Mit der Natur aufwachsende Kinder lieben Pferde und fühlen sich wohl in ihrer Gegenwart – und auf fast unerklärliche Weise mögen diese großen Wesen auch die Kinder sofort. Leider haben viele Kinder jeden Respekt vor der Natur und ihren Geschöpfen verloren und werden vor dem Fernseher und mit Video- oder Computerspielen groß. Diese Kinder haben oft kein Interesse an Pferden, Tieren im Allgemeinen oder der Natur überhaupt.

Wir haben schon oft sehr gestaunt, wenn Kinder und Pferde Dinge zusammen taten, die noch wenige Tage zuvor für einen Erwachsenen unmöglich gewesen wären. Warum ist das so?

Beim Betrachten des Fotos erhalten wie eine erste Antwort auf diese Frage: Nell sitzt auf Luna und erwartet nichts. Die beiden *sind* einfach, Luna ist Pony, Nell ist Kind. Sie haben keine Pläne, keine Ziele, es gibt keine Notwendigkeit, irgendetwas zu beweisen. Sie leben in diesem Moment und sind damit vollstens zufrieden. Luna steht zentriert auf allen vier Beinen, entspannt und doch aufmerksam. Ihr linkes Ohr ist leicht der kleinen Nell zugewandt, sie ist mit dem Menschlein auf ihrem Rücken locker verbunden. Das andere Ohr und die Augen betrachten das Geschehen vor den beiden aufmerksam, wie es auch der Blick der kleinen Nell tut.

Man kann fast spüren, wie die beiden gemeinsam atmen und zusammen sind. Ja, dieses einfache Sein ist ein Geheimnis zum erfolgreichen Zusammensein mit Pferden. Natürliche Kinder sind wertvolle Vorbilder für erwachsene Menschen. Das Pony auf diesem Bild scheint zu sagen: *»Du bist auf meinem Rücken, und ich gebe acht auf dich, denn wir sind zusammen, und das ist angenehm.«*

»Lass uns einfach einen Moment hier sein, ohne was zu tun, einfach nur zusammen ›sein‹.«

# Miteinander Spaß haben

Dieses Foto hat einen gewöhnlichen Moment in unserem Leben eingefangen ... Ariane hat gerade eine Reitstunde mit Study beendet und unsere kleine Tochter Nell, die ihr dabei zugeschaut hat, mit auf den Sattel genommen. Study ist froh, dass er sie nach Hause tragen darf, sie hatten gerade viel Spaß miteinander, und unsere vier Hunde begleiten sie gern.

Erst viel später, nachdem dieses Foto bei den verschiedensten Menschen laute »Ah!«- und »Oh!«-Rufe ausgelöst hatte, sahen wir genauer hin. Was verbarg sich hinter dieser für uns so alltäglichen Szene?

Wir glauben, es ist der Spaß am Leben, den alle abgebildeten Lebewesen zeigen. Enthusiasmus, Harmonie, Gemeinsamkeit und Freiheit.

Spaß ist ein wichtiger Schlüssel im Leben der Pferde wie auch der Menschen. Mit Spaß lernt es sich leichter, es arbeitet sich besser, und alle bleiben viel gesünder. Spaß entsteht auf ganz natürliche Weise, wenn unser Leben im Gleichgewicht ist. Dabei handelt es sich nicht um diesen künstlichen, übertriebenen Spaß, wie wir ihn auf einer Kirmes oder in Computerspielen erleben können, sondern eher um diese Freude, einfach zu sein und seine angeborenen Talente zu leben.

Study mag Applaus und zeigt sich gern, wir gehen zusammen zu Veranstaltungen, und er genießt diese Aufgabe. So fragen wir ihn auch nicht nach viel anderem, wir bereiten uns ab und an zu Hause auf den nächsten Auftritt vor, und den Rest der Zeit verbringt er in seiner Herde. So hat Study Spaß am Leben, dadurch ist er offen und bereit zu lernen und mit uns zusammen zu sein. Wir meinen sogar, auf diesem Foto ein bisschen gutmütigen Stolz in seinen Zügen erkennen zu können, dafür, dass er uns tragen darf … denn wir ehren und respektieren uns alle gegenseitig, und diese Art von Gemeinschaft macht einfach Spaß!!!

*»Ach wie schön, in Freiheit und mit Spaß zu reiten …«*

# Freizeit, Entspannung und Freude

Wenn mein Pferd für mich Freizeit, Entspannung und Freude bedeutet, was bin ich dann für mein Pferd? Auch Freizeit, Entspannung und Freude? Was wäre die Meinung meines Pferdes dazu?

Es ist Zeit, dass wir uns diese Frage stellen, wenn wir mit Pferden auf natürliche Weise zusammenleben wollen. Dabei ist es egal, was die anderen von uns denken, es geht nur darum, dass wir zutiefst ehrlich zu uns selbst sind. Denn wir können vielen Menschen etwas vorspielen, und sie werden uns glauben, je nachdem, wie gut wir schauspielern können … aber niemals werden wir ein Pferd täuschen. Pferde durchschauen die Absicht der Menschen schon, wenn sie noch 200 m von ihnen entfernt sind. Das ist ein angeborenes Talent eines Fluchttieres, denn sein Überleben hängt davon ab, wie gut es die Umwelt einschätzen kann. Deshalb brauchen wir keine Energie darauf zu verschwenden, vor unseren Pferden etwas verstecken zu wollen!

Also, wie steht es für dich? Welche Art Mensch bist du für dein Pferd?

Ich, Ariane, war viele Jahre eine anspruchsvolle Chefin für meine elf Pferde, die mit mir zusammen in einem Wanderreitbetrieb arbeiteten. Manchmal war ich auch eine griesgrämige oder wütende Chefin. Ich hatte nie Zeit, mit ihnen zu spielen. Sie mussten gute Angestellte sein, und ich behandelte sie gut. Wir kamen miteinander aus, aber sie liebten mich nicht. Wenn ich ihnen die Wahl gelassen hätte, wären sie nicht zur Arbeit erschienen. Sobald sie konnten, liefen sie von mir weg. Und manchmal ließen sie sich auf der Weide auch nicht einfangen. Aber diese Szenen sahen unsere Reitgäste ja nicht, und so konnten wir tun, als seien wir ein idyllischer Reitbetrieb. Nur wenn ich ganz ehrlich zu mir selbst war, wusste ich in meinem Herzen, dass uns etwas fehlte, dass ich meine Pferde benutzte und selbst nicht wirklich glücklich war.

Heute ist das so anders, dass ich manchmal mein Glück gar nicht fassen kann. Wenn ich auf die Weide gehe, dann kommen viele Pferde zu mir, als würden sie sagen. *»Darf ich auch mitkommen? Bitte nimm mich heute mit!«* Sie wissen, dass unsere gemeinsame Zeit schön sein wird, dass sie Spaß haben werden, dass ich Freizeit mit ihnen verbringe, dass sie, wenn wir zusammen arbeiten, etwas Interessantes lernen werden und dass ich sie respektiere und liebe, so, wie sie sind.

Auf dem nächsten Foto bin ich mit meinen beiden Pferden zusammen, und wir machen gar nichts außer Schmusen. Auch solche Tage gibt es manchmal …

»Erwarte viel, begnüge dich mit wenig, und lobe häufig«, sagte einmal der große HorseMan Nuno Oliviera. Ich kann diesen Satz nur aus vollem Herzen bestätigen, und so lautet meine Frage zum Abschied: »Hast du heute schon Freizeit mit deinem Pferd verbracht?«, und Edwin fügt hinzu: »Pferde sind der Spiegel deiner Seele – achte deine Seele …«

»Wenn dein Pferd für dich Freizeit, Entspannung und Freude bedeutet, was bist du dann für dein Pferd? Auch Freizeit, Entspannung und Freude? Was wäre die Meinung deines Pferdes dazu?«

# Teil III
# PferdeZeit

# Anhang

## Glossar

*Alphahengst/Alphastute*
Alpha ist der erste Buchstabe des griechischen Alphabets und heißt »der Erste«. Ein Alphapferd ist ein Leittier, entweder die Leitstute oder der Leithengst der Herde. Es leitet die Herde und ist das Leittier aller anderen Pferde. In jeder gesunden Herde gibt es zwei Alphapferde, die Leitstute und den Leithengst.

*AsvaNara*
»AsvaNara« heißt »PferdeMensch« auf Sanskrit. Sanskrit ist eine der ältesten Sprachen der Menschheit, eine echte Seelensprache.

*Natürliche Pferd-Mensch-Beziehung (Natural Horse-Man-Ship)*
Bei der natürlichen Pferd-Mensch-Beziehung handelt es sich um das Studium der Beziehung zwischen Pferd und Mensch, basierend auf Kommunikation, Verstehen und Psychologie statt auf Angst, Einschüchterung und der Anwendung mechanischer Instrumente.

*Persönlicher Raum*
Hierbei handelt es sich um den Raum, der den Pferdekörper und den Menschenkörper umgibt und der als »heiliger Raum« definiert wird – denn es darf nicht eingetreten werden, ohne vorher »angeklopft« und um Erlaubnis gefragt zu haben. Dieser Raum ist von fundamentaler Wichtigkeit, um den gegenseitigen Respekt zwischen Mensch und Pferd zu verbessern.

*PferdeMensch (HorseMan)*
Ein PferdeMensch ist ein Mensch, der denkt, fühlt und handelt wie ein Pferd, jemand, der Pferde versteht, von Pferden auf seinem Lebensweg begleitet wird und Einheit mit Pferden anstrebt.

*PferdeZeit (CavalloTime)*
Pferde erleben Zeit anders als Menschen. PferdeZeit heißt, im Moment zu

leben, in diesem jetzigen Moment, in dem alles möglich ist, in dem Vergangenheit und Zukunft nicht existieren, in dem es nur »Hier und Jetzt« gibt. Für die meisten Menschen ist die PferdeZeit neu und ungewohnt, aber gesund und sehr intensiv.

### Rechte und linke Gehirnhälfte

Es handelt sich hierbei um ein gedankliches Modell, das das Vorkommen zweier verschiedener Pferde in jedem Pferd erklärt: ein instinktives und unberechenbares (rechte Gehirnhälfte) und ein freundliches, denkendes und offenes Pferd (linke Gehirnhälfte). Auch dies ist ein wichtiger Teil des AsvaNara Wortschatzes.

### Schwiegermutterblick

Der Schwiegermutterblick wird auch »Phase I« des großen Dominanzspiels »Wer bewegt wen?« genannt. Es handelt sich hierbei um einen Ausdruck des natürlichen PferdeMenschen ... häufig sind es die Schwiegermütter, die diesen Blick aufsetzen, wenn man zu spät zum Sonntagsessen erscheint. Es reicht ein Blick, ohne Worte, um ein anderes Lebewesen zu bewegen. Dieser Blick enthält viel Energie und ist richtungsweisend.

### »Spiele mit deinem Pferd, und arbeite an dir selbst.«

Dies ist einer der Leitsätze in der natürlichen Pferd-Mensch-Beziehung. Beim traditionellen Reiten wird zumeist nur das Pferd trainiert und ausgebildet, und es wird ausgetauscht, wenn es nicht genug hergibt. Die AsvaNara-Methode geht von dem Grundsatz aus, dass Pferde schon perfekt sind, und dass wir Menschen von ihnen lernen können, wenn wir dazu bereit sind, an uns selbst zu arbeiten, d. h., wenn wir dazu bereit sind, uns den Teilen in uns zu öffnen, die wir seit einiger Zeit versteckt gehalten haben. Indem wir an uns selbst arbeiten und uns von alten, begrenzenden Mustern befreien, werden wir zu besonders guten PferdeMenschen.

### »Wer bewegt wen?«

Ein Pferd, das ein anderes Pferd durch mentalen, emotionalen oder physischen Druck wegbewegt, wenn auch nur für einige Millimeter, wird als dominantes Pferd anerkannt. Der Satz »Wer bewegt wen?« ist ein wichtiger Ausdruck im Wortschatz des natürlichen PferdeMenschen geworden.

# AsvaNara

### AsvaNara – die Mission

Unsere Mission ist es, das Leben der Pferde und der Menschen auf dieser Welt zu verbessern, indem ihre Beziehung durch Kommunikation, Verständnis und angewandte Psychologie zuerst geheilt und dann unter Anwendung der Naturgesetze aufgebaut wird. Es geht darum, Licht, Weisheit und Natürlichkeit zu jedem PferdeMenschen zu bringen, der den brennenden Wunsch dazu verspürt. Unser Unterrichtskonzept basiert auf dem Gedanken, dass jeder PferdeMensch schon perfekt ist und alles in sich trägt, was er oder sie braucht, um wirklich gut mit Pferden umzugehen. In unserer Akademie fügen wir keinem einzigen PferdeMenschen etwas hinzu – im Gegenteil, wir entfernen Hindernisse wie Gewohnheiten, falsche Glaubenssätze und Vorstellungen und viele andere Arten von Begrenzungen.

### AsvaNara Valley – die Vision

Wir haben das große Privileg, an einem der schönsten Orte der Erde zu leben: im Garten des Franz von Assisi in der Toskana, direkt unterhalb von La Verna, wo der Heilige vor mehr als 800 Jahren zu den Tieren sprach. An diesem Ort ist ein Paradies für Pferde entstanden, aus dem Wunsch heraus, den Menschen zu zeigen, dass Pferde auch in unserer heutigen, modernen Zeit natürlich leben können. Unsere Vision ist, dass dieses Tal eines Tages nicht mehr »normal«, sondern »natürlich« sein wird, dass hier natürliche Menschen in Harmonie mit sich selbst, dem Dorf, der Stadt, der Region, dem Land und der Schöpfung leben, dass diese Menschen auch natürlich mit ihrer Gesundheit, ihrem Sein, ihren Beziehungen, ihren Kindern, ihrer Ausbildung, ihrem Geld und ihrer Umwelt umgehen und dass ihr so entstandenes Leben im AsvaNara Valley ein Lebensmodell sein kann, um einen Beitrag zur Heilung des Planeten zu leisten.

### AsvaNara – die Philosophie

In einer Welt, in der Chaos und Krach die gängige Hintergrundmusik darstellen, in der die Luft den natürlichen Duft verloren hat, weil er durch Smog ersetzt wurde, in der Einsamkeit das Überangebot an Information übertrumpft, in der der Himmel nur noch eine einzige Farbe kennt, in der der Regen niederprasselt, als entlade er zu viel zurückgehaltene Wut, in der der Schnee über eine Sonne weint, die ihn viel zu früh erreicht – in einer solchen Welt, die anscheinend alle Orientierung verloren hat, gibt es noch Orte, an denen sich die Natur in all ihrer Schönheit zeigt, an denen der Mensch sich der Weisheit der Großen Mutter anvertraut, die weiß, wie sie ihn am besten ernähren und heilen kann und die uns jeden Tag eine neue Chance schenkt, zu uns selbst zurückzufinden. AsvaNara ist all dies, AsvaNara lebt mit dem Bewusstsein, dass es eine Mission gibt, den Menschen zu dem Pfad zurückzuführen, der ihn direkt in seine Essenz bringt – und diese Mission verwirklicht sich, wenn wir uns den Botschaften öffnen, die uns die Natur und unsere Freunde, die Pferde, kontinuierlich zukommen lassen. Der Moment ist gekommen, uns zu verändern, uns wieder in das Leben mit seinem natürlichen Glanz zu verlieben, uns diesen Krümel mehr Zeit zu nehmen, auf den wir immer gewartet haben, nur für uns, um »nach Hause« zu kommen, indem wir eine gesunde Beziehung zwischen Mensch und Pferd erleben.

## AsvaNara – die Akademie

Viele Jahre lang haben wir davon geträumt, einen Ort zu kreieren, an dem wir mit unseren Pferden auf natürliche Art leben und arbeiten können – ohne Kompromisse. Die Akademie AsvaNara ist aus diesem Traum heraus entstanden. Die Pferde leben hier in der Herde auf riesigen Weiden, und alle Bauten, sei es der Reitplatz, der Spielplatz, der Schwimmsee, seien es die Round Pens, die Reitwiesen oder die »Fünf-Sterne-Paddocks«, sind dafür geschaffen worden, das Wachstum der natürlichen Beziehung zwischen Mensch und Pferd auf jede erdenkliche Art zu unterstützen. Die Menschen leben im Einklang mit der Natur in einer natürlichen Gemeinschaft. Heute ist es möglich, unser Wissen und unsere Erfahrung den interessierten Menschen auf natürliche Art zu vermitteln, sodass sie neue Impulse für eine natürliche Pferd-Mensch-Beziehung erhalten. Durch die Teilnahme an einem Wochenseminar, bei dem die Menschen sich ganz der Natur des Pferdes hingeben, verändern sie sich und damit auch ihre Umgebung. Die Studenten der Akademie AsvaNara gehen nicht nur völlig verwandelt nach Hause, nein, sie haben in ihren Zellen auch ein tiefes Wissen verankert, das sie mit großer Natürlichkeit im Alltag anwenden. Nach einem Aufenthalt bei AsvaNara ist das Leben mit Pferden nie mehr so wie vorher – sondern viel besser!

## AsvaNara – das Studienprogramm

Mithilfe des Studienprogramms von AsvaNara ist es für jeden Studenten leicht möglich, die Pferdesprache zu erlernen und ganz außergewöhnliche Fähigkeiten im Umgang mit Pferden zu entwickeln – diejenigen eines PferdeMenschen. Es ist dabei nicht wichtig, ob der Student schon Erfahrungen mit Pferden gesammelt hat oder ob er ganz neu beginnt, weil jeder Teilnehmer die Pferdesprache auf seinem Niveau erlernt. Unter Anwendung moderner Unterrichtskonzepte werden in insgesamt fünf Klassen die natürlichen Konzepte sowohl in der Theorie als auch in der Praxis vermittelt, sodass messbare und lang anhaltende Ergebnisse erreicht werden. Das Studienprogramm ist eine Unterrichtsmethode, die sich Schritt für Schritt durch die verschiedenen Klassen hindurchzieht und durch die jeder Student in seinem individuellen Rhythmus lernt. Um den Studenten die Möglichkeit zu geben, das Gelernte immer weiter zu vertiefen, organisiert AsvaNara ständig neues Lehrmaterial in Buch- und Filmform. Das Programm wird abgerundet durch Kurse zu Themen wie Gesundheit, Ernährung und Heilung von Pferd und Mensch.

*Ariane* ist mit vielen natürlichen PferdeMenschen durch die ganze Welt gereist, hat sich dabei um ihren persönlichen Weg in der natürlichen Pferd-Mensch-Beziehung gekümmert und viele Erfahrungen gesammelt. Als junges Mädchen nahm sie an Dressurturnieren teil, hat dann Vollblutaraber gezüchtet, sich zur Wanderrittmeisterin ausbilden lassen und ein Wanderreitzentrum im Hochgebirge geleitet. Als sie später eine Ausbildung zur Westernreitlehrerin absolvierte, war sie trotz all des Wissens noch immer nicht mit den Ergebnissen zufrieden, die sie mit Pferden erreichen konnte. Deshalb ging sie 1996 den Weg der natürlichen Pferd-Mensch-Beziehung an der Parelli Natural Horsemanship University in Colorado, Amerika.

Von einer tiefen Leidenschaft für Pferde, Psychologie, natürliche Ernährung und Heilung bewegt, hat Ariane viele Ausbildungen in den verschiedensten Themenbereichen abgeschlossen. Heute hat sie ein Diplom der Mastery University, ist Journey Practitioner, Gesundheitsberaterin und Leiterin der Akademie AsvaNara. Ihre Seminare reflektieren alle Aspekte ihrer Lebenserfahrung und helfen, die Mission AsvaNara in die Welt zu bringen. Arianes Traum ist es, eine Welt zu erschaffen, in der es normal ist, natürlich zu sein …

*Edwin* arbeitet seit mehr als 14 Jahren als professioneller Trainer und Ausbilder der natürlichen Pferd-Mensch-Beziehung. Vier Jahre lang war er der persönliche Assistent von Pat Parelli und anderen bekannten PferdeMenschen. Diese Jahre des Studiums haben zu einem tiefen Verständnis, zu umfassendem Wissen, ja, zur Meisterschaft in der Anwendung der natürlichen Techniken geführt – vom Imprinting der Fohlen bis zur Problemlösung bei »schwierigen Pferden« –, die ihn zu einem echten PferdeMenschen machen. Edwin hat in ganz Europa und in den USA gearbeitet, und jetzt setzt er sich persönlich für den Aufbau von AsvaNara ein. Seine Mission ist es, das natürliche Wissen an so viele Menschen wie möglich weiterzugeben. Sein Ausbildungsstil ist humorvoll und ruhig, progressiv und provokativ. Edwin gibt an seine Studenten die Natürlichkeit auf sehr klare und detaillierte Art und Weise weiter und begleitet sie auf ihrem Weg, ein natürlicher PferdeMensch zu werden.

# Danksagung

Zuerst einmal ein großes Dankeschön an Luzo, den Leit»hengst« unserer Herde, für seine Inspiration. Ohne ihn wäre dieses Buch nicht entstanden. Eines kalten Wintermorgens schien es mir, als sagte er mir:

> *»Höre zu, Frau, ich verstehe dein Leiden voll und ganz,*
> *weil ich auf dieselbe stille Art leide.*
> *Zusammen können wir diese physische Welt verändern,*
> *das können wir tun!*
> *Ich trage dich, sodass du größer bist.*
> *Ich liebe dich, und unsere Liebe hat die Macht, jede Lebensform zu heilen.*
> *Liebe,*
> *Liebe,*
> *Liebe*
> *ist das Schlüsselwort zwischen uns.*
> *Du hilfst mir, und ich helfe dir.*
> *Es ist alles wirklich so einfach …«*

Danke an all unsere Meister, die Pferde – sie leben im Moment mit uns zusammen und haben uns in der Vergangenheit belehrt; danke an dieses natürliche Fleckchen Erde, das uns jeden Tag beherbergt und uns Kraft und Gesundheit schenkt; danke an unsere Familie und unsere tollen Kinder Ninya, Cino und Nell dafür, dass sie uns den Raum geben, zu schreiben und an uns selbst zu glauben, auch wenn wir wieder mal zu spät zum Essen kommen …

Danke jedem einzelnen Menschen, der die Akademie AsvaNara besucht hat und uns einen Grund gibt, weiterzumachen und an unsere Mission zu glauben, danke an all die Herzen und auch all die Augen, die uns dabei geholfen haben, diesen Text zu lesen und zu verbessern, danke an jedes

Pferd, das sich auf diesen Seiten findet und an jede Person, die den Mut hatte und uns die Erlaubnis gab, Fotos von ihr in diesem Buch zu veröffentlichen; danke an Daniela Nahum für ihre hilfreichen Hinweise; danke an Fiorinda Pedone für ihren Beitrag; danke an Jessica Aldeghi, Federica Ginanni Corradini und Stefano Secchi für all die fantastischen Fotos; und danke an alle, die bei AsvaNara mithelfen, dafür, dass sie ihr Leben mit uns teilen und wirklich ganz daran glauben, dass es möglich, wichtig und ansteckend ist, mit Pferden (und nicht nur mit ihnen …) natürlich zu sein!

Danke an das Leben selbst, das es möglich gemacht hat, dieses Buch zu schreiben, und an jeden Leser, der es lesen wird!

In Wirklichkeit ist AsvaNara eine Göttin,
die Schutzgöttin der Pferde,
und sie hat die Mission, die Pferdewelt zu heilen
… und nicht nur diese.

Ich bin verrückt vor Liebe
für diese wundervollen Tiere, die die Pferde sind,
und auch wenn sie in Stille leiden, höre ich ihre Schreie.

Sie leiden darunter, dass sie nicht verstanden werden,
sie leiden unter Angst und Gewalt,
unter Einschüchterung und der Anwendung mechanischer Instrumente
statt des Einsatzes von Liebe, Sprache und natürlicher Leadership,
angewandter Psychologie, Verständnis und Natürlichkeit.

Und wisst Ihr, was ich herausgefunden habe?
Um mich herum gibt es viele andere, die Pferde genau wie ich lieben.
Sie sind auch verrückt vor Liebe,
bereit, sich selbst zu verändern,
um den Pferden ein besseres Leben bieten zu können.

Ich treffe viele von ihnen
in der Akademie AsvaNara und auf dem Weg.
Ich bin überzeugt davon, dass auch unter Euch so jemand ist.
Willkommen in dieser Neuen Welt!


*Ariane*

Ebenfalls erschienen im  www.schirner.com

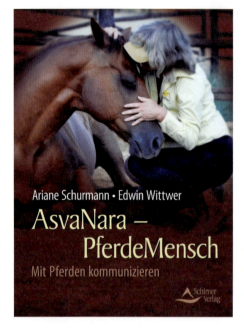

Ariane Schurmann & Edwin Wittwer
**AsvaNara**
**Mit Pferden kommunizieren**
248 Seiten
ISBN 978-3-8434-1003-8

Die natürliche Pferd-Mensch-Beziehung ist das Thema dieses zweiten Buches von Ariane Schurmann und Edwin Wittwer, und auf gewohnt faszinierende Art vermitteln sie uns hier, was einen AsvaNara, einen echten natürlichen PferdeMenschen ausmacht. Im ersten Teil des Buches geben die Autoren Antworten auf Fragen, die bei der Entwicklung zum AsvaNara auftauchen können – Fragen, die wir bisher vielleicht nicht zu stellen gewagt haben. Im darauf folgenden Praxisteil, der sich mit dem Aufbau der natürlichen Beziehung zwischen Pferd und Mensch beschäftigt, teilen die Autoren mit uns Lesern Erfahrungen aus ihrer langjährigen Arbeit mit Pferden und stellen Konzepte, Prinzipien und Übungen auf gut verständliche Weise vor. Bewegende Fallgeschichten aus der Sicht von Pferden bilden den dritten Teil des Buches, in dem wir erfahren, wie das Leben der edlen Tiere in der Menschenwelt häufig ist – und wie es sein sollte …